P.Triegel (Fleischermeisterin)

Das Wurstseminar

- Schritt für Schritt zur eigenen Wurst -

mit 100 Rezepten und 208 Farbfotos

Impressum

Autorin:	Peggy Triegel
Text und Rezepte:	Peggy Triegel

Herausgeber:	Peggy Triegel - Verlag Bauernende 5 39164 Wanzleben Tel.: 0178 - 1810398 E-mail: triegel-verlag@gmx.de
Satz und Gestaltung:	Katja von Roschinsky
Druck:	Druck KOPA druckerei-kopa.de
ISBN:	978-3-9818777-1-7

Ausgabe 2018

1. Auflage

P.Triegel (Fleischermeisterin)

Das Wurstseminar

- Schritt für Schritt zur eigenen Wurst -

mit 100 Rezepten und 208 Farbfotos

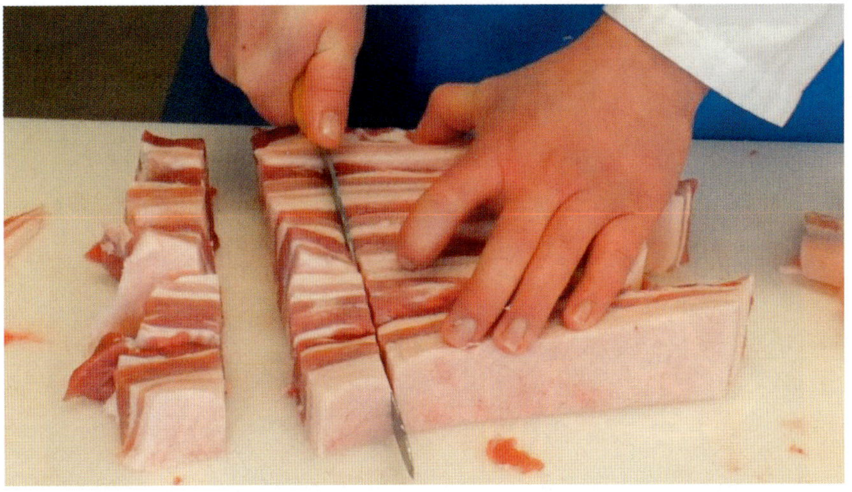

ÜBER DIE AUTORIN

Peggy Triegel wurde 1973 in Magdeburg geboren, wuchs bei ihren Großeltern auf und lebt heute auf einem kleinen Bauernhof in der Börde.

Das Wursten hat in ihrer Familie eine lange Tradition, denn schon ihr Urgroßvater und Großvater züchteten im Zuge der Selbstversorgung Schweine und Kaninchen, die sie dann zu Fleisch, Wurst und Schinken weiterverarbeiteten.

Dadurch wurde auch bei ihr schon frühzeitig das Interesse an der Fleischerei geweckt und bereits im Alter von 10 Jahren stellte sie unter Aufsicht des Großvaters ihre erste Bratwurst und ihren ersten geräucherten Schinken her.

Später machte sie ihr Hobby zum Beruf und ist mittlerweile seit über 25 Jahren im Fleischerhandwerk tätig.

Ihre Meisterprüfung legte sie im bayerischen Landshut ab und studierte danach Betriebswirtschaft.

In Zusammenarbeit mit K.v.Roschinsky schrieb Peggy Triegel bisher 23 Broschüren sowie 5 Bücher zum Thema Wurstherstellung und Catering.

VORWORT

Gehören auch Sie zu den Menschen, die Gewissheit darüber haben möchten, dass ihre Lieblingswurst oder ihr Lieblingsschinken nur aus frischen und einwandfreien Zutaten besteht?

Und vermissen auch Sie oftmals den aromatischen, urigen und typischen Geschmack der unterschiedlichen Wurst- und Schinkensorten, weil bei der industriellen Produktion vorrangig mit fertigen Gewürzmischungen und Geschmacksverstärkern gearbeitet wird?

Dann wird es höchste Zeit, dass Sie Ihre eigene Wurst und Ihren eigenen Schinken selbst herstellen…

Als ausgebildete und langjährig in der Praxis tätige Fleischermeisterin stehe ich Ihnen dabei hilfreich zur Seite und teile in diesem sowohl für Anfänger als auch für Profis geeignetem Buch mein ganzes Fachwissen mit Ihnen.

Sie erfahren alles Wissenswerte über die verschiedenen Fleisch-, Wurst- und Gewürzsorten sowie über das benötigte Wurstherstellungs-, Pökel- und Räucherzubehör.

Und damit ihre eigene Wurst und ihr eigener Schinken auch garantiert gelingt, finden Sie in meinen Rezepten detaillierte Schritt-für-Schritt-Erklärungen in Wort und Bild mit genauen Angaben der Material- und Gewürzmengen.

Also, gönnen Sie sich, Ihren Familien und Freunden etwas Gutes…

Machen Sie Ihre Wurst und Ihren Schinken selbst!

Und eines kann ich Ihnen versprechen:

Nachdem Sie ihre selbst hergestellten Produkte das erste Mal verzehrt haben, wird der Fleischer um die Ecke oder der Discounter künftig chancenlos sein.

Peggy Triegel

INHALT

INHALT

INHALT

INHALT

INHALT

INHALT

INHALT

INHALT

INHALT

INHALT

INHALT

INHALT

INHALT

Thigh
Wing
Breast
Drumstick
The
Butchers Selection
CHICKEN CUTS
ORGANIC
FREE RANGE
The
Butchers Selection
PORK CUTS
ORGANIC
FREE RANGE
Spare Ribs
Loin
Leg/ Ham
Blade
Head
Leg
Belly
Hock
Leg
Chump
Loin
Best end of neck
Shoulder
Neck
Breast
The
Butchers Selection
LAMB CUTS
ORGANIC
FREE RANGE
Neck
Chuck
Fore Rib
Sirloin
Rump
Silverside
Topside
Thick Rib
Thin Rib
Flank
Thick flank
Baisket
Leg
Shin
The
Butchers Selection
BEEF CUTS
ORGANIC
FREE RANGE
ENGLISH CUTS

FLEISCH UND SEINE INHALTSSTOFFE

Fleisch enthält Eiweiße, Wasser, Fette, Kohlenhydrate, Mineralstoffe und Spurenelemente sowie Vitamine.

Das sind alle wichtigen Nährstoffe, die der menschliche Körper benötigt:

Als **Eiweißlieferant** mit durchschnittlich 20% je Kilogramm kommt dem Fleisch hierbei die größte Bedeutung zu, da der Aufbau des tierischen Eiweißes dem menschlichen Körpereiweiß weitgehend ähnelt. Deshalb ist es sehr hochwertig und kann sehr gut vom menschlichen Organismus aufgenommen und optimal verwertet werden.

Zusammen mit **Wasser** und **Mineralstoffen** fungieren die Eiweiße als Aufbaustoffe im menschlichen Körper und fördern den Stoffwechsel.

Fette im Fleisch liefern wichtige Energie, sind Geschmacks- und Aromastoffträger und haben einen großen Sättigungswert.

Weitere wichtige Energielieferanten für den menschlichen Körper sind die im Fleisch enthaltenen **Kohlenhydrate.**

Glykogen als tierischer Zucker übernimmt hierbei eine Doppelfunktion, denn neben der „Energielieferung" wird auch der Reifegrad des Fleisches durch seinen Beitrag zur Bildung von Fleischmilchsäure positiv beeinflusst.

Die im Fleisch am reichhaltigsten vorhandenen **Mineralstoffe** sind Kalium und Magnesium, wobei Magnesium an vielen Stoffwechselprozessen im menschlichen Körper beteiligt und Kalium für die Zellfunktion unentbehrlich ist.

Von den im Fleisch enthaltenen **Spurenelementen** sind Eisen und Zink besonders wichtig, da Eisen für die Bildung der roten Blutkörperchen und Zink für ein starkes Immunsystem benötigt wird.

Und zu guter Letzt: Fleisch ist auch reich an Vitaminen der B-Gruppe, die für die Regeneration der Muskeln und des Nervensystems unerlässlich sind.

Allerdings muss man beachten, dass die Nährstoffzusammensetzung je nach Fleischsorte etwas variiert.

BUTCHER SHOP

DIE HAUSSCHLACHTUNG

WANN SPRICHT MAN VON HAUSSCHLACHTUNG?

Der Unterschied zwischen Hausschlachtung und einer gewerblichen Schlachtung ist im Fleischhygienegesetz klar definiert.

Somit handelt es sich nur dann um eine Hausschlachtung, wenn das Fleisch ausschließlich in dem schlachtenden Haushalt verwendet wird.

Eine Abgabe an Dritte ist hierbei nicht erlaubt.

Sobald Fleisch und Fleischerzeugnisse an andere abgegeben werden, liegt eine gewerbliche Schlachtung vor.

IST EIN GEWERBESCHEIN ERFORDERLICH?

Generell muss jede Person, die Schlachtungen für **andere** Tierhalter durchführt, diese Art von Tätigkeit bei seiner zuständigen Gemeinde als Gewerbe anmelden. Laut Rechtsprechung ist dies aber erst ab 20 - 30 Schlachtungen pro Jahr notwendig.

BENÖTIGE ICH EINEN SACHKUNDENACHWEIS?

Jede Person, die Schlachtungen durchführt, muss über die dafür notwendigen theoretischen und praktischen Sachkenntnisse verfügen.

Bei gewerblichen Schlachtungen ist laut Tierschutzgesetz und Tierschlachteverordnung zusätzlich ein sogenannter Sachkundenachweis erforderlich.

Dieser Nachweis wird nach der erfolgreichen Ablegung einer theoretischen und praktischen Prüfung von den dafür zuständigen Stellen, meist den örtlich zuständigen Veterinärämtern, ausgestellt.

Entsprechende vorherige Schulungen werden von privaten Institutionen oder Landwirtschaftskammern angeboten.
Von einer Prüfung kann im Einzelfall abgesehen werden, wenn ein Studium der Tiermedizin absolviert wurde oder wenn eine Ausbildung als Fleischer, Tierwirt oder Landwirt vorliegt.

WELCHE BESTIMMUNGEN ZUM TIERSCHUTZ GIBT ES?

In der Tierschutz - Schlachtverordnung sowie dem Tierschutzgesetz sind die rechtlichen Bestimmungen geregelt, die bei der Schlachtung von Wirbeltieren zu beachten sind.

Demnach darf ein Wirbeltier nur unter Betäubung und Vermeidung unnötiger Schmerzen getötet werden.

Vor der Schlachtung sind die Tiere so zu betreuen und ruhig zu stellen, dass bei ihnen nicht mehr als unvermeidbare Aufregung entsteht.

DIE HAUSSCHLACHTUNG

DÜRFEN ZUSATZSTOFFE VERWENDET WERDEN?

Die Verwendung von Zusatzstoffen bei der Hausschlachtung ist gesetzlich **nicht** geregelt.

Anders sieht es bei der gewerblichen Schlachtung aus.

Hierbei dürfen nur Zusatzstoffe verwendet werden die den Geschmack, das Aussehen, die Haltbarkeitsdauer oder die Konsistenz des fertigen Fleisch- bzw. Wurstproduktes verbessern.

Die Zusatzstoff - Zulassungsverordnung schreibt vor, dass die Verwendung dieser Zusatzstoffe nur in den gesetzlich zugelassenen Mengen erfolgen darf und außerdem gesundheitlich unbedenklich sowie technologisch notwendig sein muss.

WELCHE HYGIENESTANDARDS SIND EINZUHALTEN?

Auch wenn das bei der Hausschlachtung anfallende Fleisch ausschließlich im eigenen Haushalt verwendet wird und keine Abgabe an andere Personen erfolgt, ist die Einhaltung der gängigen Hygienestandards zur Vermeidung von Infektionen zwingend notwendig.

Deshalb sind folgende Regeln unbedingt zu beachten:

- Die Verarbeitung der Fleisch- und Wurstwaren hat nur in geschlossenen Räumen zu erfolgen.
- Es darf nur frisches und hygienisch einwandfreies Fleisch verarbeitet werden.
- Die an der Schlachtung beteiligten Personen müssen saubere Arbeitskleidung sowie eine Kopfbedeckung tragen.
- Keine an der Schlachtung beteiligte Person darf krank sein oder offene Wunden haben.
- Es dürfen nur saubere Werkzeuge, Maschinen und Arbeitszubehör verwendet werden.
- Der Schlachtraum und alle Geräte müssen nach **jedem** Schlachttag gründlich gereinigt werden.

DIE HAUSSCHLACHTUNG

WIE SOLLTE DER SCHLACHTRAUM BESCHAFFEN SEIN?

Im Gegensatz zur gewerblichen Schlachtung gibt es bei der Hausschlachtung keine gesetzlichen Bestimmungen zur Ausstattung des Schlachtraumes.

Um Verunreinigungen des Schlachtfleisches und Arbeitsunfälle zu vermeiden sollte er jedoch diese Mindestanforderungen erfüllen:

- eine ausreichende Größe haben und gut beleuchtet sein
- möglichst abwaschbare Wände sowie Fußböden mit Abflüssen besitzen
- die Möglichkeit bieten, sich jederzeit mit warmem Wasser die Hände zu waschen sowie die Werkzeuge zu reinigen
- über eine Aufhängevorrichtung zum Zerteilen des Schlachtkörpers verfügen (z.B. Flaschenzug oder Haken an der Decke)

DIE SCHLACHTTIER- UND FLEISCHUNTERSUCHUNG

Unter der **Schlachttieruntersuchung** versteht man die Lebendbeschau des zu schlachtenden Tieres 24 Stunden vor der Schlachtung.

Hierbei wird festgestellt, ob das zu schlachtende Tier gesund ist oder ob es Anzeichen einer Krankheit, Verletzungen oder sonstige Auffälligkeiten aufweist.

Hat das Tier einen guten Gesundheitszustand, wird es anschließend zur Schlachtung freigegeben. Andernfalls wird ein Schlachteverbot ausgesprochen.

Die **Fleischuntersuchung** umfasst die Untersuchung des Schlachtkörpers sowie der inneren Organe unmittelbar nach der Schlachtung.

Bei Schweinen und Einhufern wird zusätzlich die Trichinenuntersuchung durchgeführt.

Durch die Fleischuntersuchung wird sichergestellt, dass nur gesundheitlich unbedenkliches und für den menschlichen Verzehr geeignetes Fleisch in den Verkehr gelangt.

DIE HAUSSCHLACHTUNG

ARBEITSSICHERHEIT UND ARBEITSSCHUTZKLEIDUNG

Um auch bei der Hausschlachtung das Verletzungsrisiko so gering wie möglich zu halten, sollte während der verschiedenen Arbeitsgänge jeweils die entsprechende Arbeitsschutzkleidung getragen werden.

Fleischerschürze und Gummistiefel gewährleisten einen guten Schutz gegen Heißwasserspritzer und den damit verbundenen Verbrühungen.

Arbeitsschuhe mit Stahlkappe und rutschfester Sohle vermindern das Verletzungsrisiko bei herunterfallenden Werkzeugen und anderen schweren oder spitzen Gegenständen. Außerdem bieten sie optimalen Halt auf rutschigen Böden.

Stechschutzschürzen aus Metallringgeflecht sollten während allen Zerlege-, Auslöse- und Ausbeinarbeiten getragen werden, um schwere Schnitt- und Stichverletzungen zu vermeiden.

Zusätzlich ist bei diesen Arbeiten das Tragen von **Stechschutzhandschuhen mit Unterarmstulpen** aus Metallringgeflecht empfehlenswert, um die Material haltende Hand vor Schnitten und Stichen zu schützen.

WERKZEUGE FÜR DIE HAUSSCHLACHTUNG

MESSER

Beim Hausschlachten sind Messer die wichtigsten und unentbehrlichsten Werkzeuge, da das gesamte Ausgangsmaterial vor seiner Weiterverarbeitung erst einmal zerkleinert bzw. zugeschnitten werden muss.
Um dabei Verletzungen zu vermeiden sollten nur qualitativ hochwertige, handliche und scharfe Messer benutzt werden.

Je nach anstehendem Arbeitsgang werden hierfür verschiedene Messerarten benötigt:

Mit dem **Ausbeinmesser** werden die einzelnen Knochen vom Fleisch gelöst. Seine Klinge ist 10cm - 16cm lang und etwas hochgebogen.

Das **Blockmesser / Schlachtermesser** mit seiner 20cm - 25cm langen, ziemlich breiten Klinge wird zum Zuschneiden von größeren Fleischstücken, zum Schneiden von Fleischscheiben und zum Abschwarten benutzt.

Zum Enthäuten des geschlachteten Tieres wird das **Hautmesser** verwendet. Es hat eine 16cm - 21cm lange, sehr dünne sowie spitz zulaufende Klinge.

Das **Stechmesser** hat eine gerade Klinge von 16cm - 18cm mit ausgeprägter Spitze. Hiermit wird das zu schlachtende Tier zum Zwecke des Blutentzugs „gestochen“.

SCHNEIDEBRETT

Schneidebretter zum Zerkleinern von Fleisch oder Zutaten gibt es in unterschiedlichen Größen. Aus hygienischen Gründen und um das anschließende Reinigen zu erleichtern, sollten sie möglichst aus Kunststoff bestehen.

WERKZEUGE FÜR DIE HAUSSCHLACHTUNG

STECHSCHUTZHANDSCHUH

Bei allen Schneide- und Zerkleinerungsarbeiten ist das Tragen eines Stechschutzhandschuhs aus Metallringgeflecht empfehlenswert, um die Material haltende Hand vor Schnitten und Stichen zu schützen.

WETZSTAHL

Zum regelmäßigen Schärfen der Messer wird ein Wetzstahl benötigt.

Beim Schärfen ist auf die richtige Messerhaltung zu achten.

Dazu muss die Schneide des Messers flach auf den Stahl aufgesetzt und dann 4 bis 5 Mal in langen Strichen, vom Körper weg, herunter gezogen werden.

WERKZEUGE FÜR DIE HAUSSCHLACHTUNG

SPALTER

Der Spalter wird zum Halbieren der geschlachteten Tiere verwendet und muss wegen des dabei sehr großen Kraftaufwandes mit beiden Händen geführt werden.

FLEISCHERBEIL

Mit dem Fleischerbeil zerteilt man Fleisch oder Fleisch mit Knochen.

HACKBLOCK / HACKKLOTZ

Der Hackblock, früher „Hackklotz" genannt, ist eine auf einem Metallgestell aufliegende Arbeitsfläche, auf der Fleisch oder Fleisch mit Knochen zerhackt wird.

Bei der Hausschlachtung besteht die Arbeitsfläche meist aus Hartholz, bei der gewerblichen Schlachtung ist aus hygienerechtlichen Gründen nur noch der Gebrauch von Kunststoff erlaubt.

BLOCKBÜRSTE

Mit der Blockbürste reinigt man die hölzerne Arbeitsfläche des Hackblocks, indem die aus gehärtetem Stahl bestehenden Bürsten mit gleichmäßigem Druck über die Fläche gerieben werden.

HANDKNOCHENSÄGE

Die Handknochensäge wird, wie der Name schon sagt, zum Durchsägen von Knochen benötigt.

Um auch hierbei Verletzungen vorzubeugen ist unbedingt darauf zu achten, dass das Sägeblatt scharf ist. Stumpfe Sägeblätter müssen unverzüglich geschärft oder erneuert werden.

SCHABEGLOCKE / KRATZGLOCKE

Mit der aus Edelstahl bestehenden Schabeglocke, deren unterer Rand angeschärft ist, werden die Schweineborsten nach dem Abbrühen entfernt.

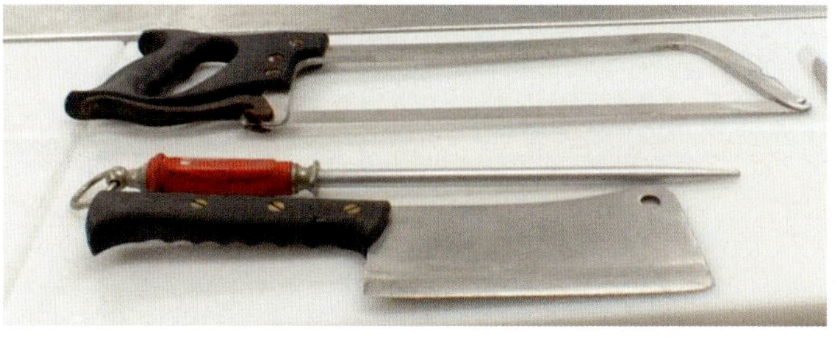

GERÄTE FÜR DIE HAUSSCHLACHTUNG

BETÄUBUNGSZANGE

Die an einen elektrischen Stromkreis angeschlossene Zange wird hinter den Ohren des Tieres angesetzt. Beim Zuschalten des Stroms fließt dieser direkt durch das Gehirn des Tieres und betäubt es vor dem Schlachten.

BOLZENSCHUSSAPPARAT

Dieser Apparat ist mit einem Bolzen ausgestattet, der durch den Gasdruck einer Platzpatrone gezielt in das Gehirn des Tieres getrieben wird und es dadurch betäubt.

WURSTFÜLLMASCHINE

Mit der Wurstfüllmaschine füllt man Wurstmasse in Därme oder Konserven.

Dazu wird die Masse in den mit einem Deckel verschließbaren Zylinder der Maschine gefüllt und dann über einen beweglichen Kolben durch die Auslauftülle in den Darm oder die Konserve gedrückt.

Bei der Hausschlachtung kommen meist manuell per Handkurbel betriebene Wurstfüllmaschinen zum Einsatz.

GERÄTE FÜR DIE HAUSSCHLACHTUNG

FLEISCHWOLF

Der Fleischwolf zerkleinert das Material für die unterschiedlichen Wurstsorten.

Hierfür wird es über den mit einem Einlauf versehenen Teller der so genannten Schnecke zugeführt, die es durch ihre rotierende Bewegung gegen die Messer und Scheiben befördert.

Der Schneidesatz eines Fleischwolfes besteht in der Regel aus dem Vorschneider, dem Messer, einer groben Scheibe, einem zweiten Messer und einer feinen Scheibe.

Fleischwölfe gibt es, je nach Einsatzgebiet, in den verschiedensten Größen. Bei der Hausschlachtung werden sowohl manuell per Handkurbel betriebene, als auch kleinere, elektrisch Fleischwölfe benutzt.

GERÄTE FÜR DIE HAUSSCHLACHTUNG

KUTTER

Im Kutter wird das Fleisch für die Wurstherstellung stärker zerkleinert als im Fleischwolf und gleichzeitig vermischt.

Er besteht aus einer sich waagerecht drehenden Schüssel, in der mehrere Messer mit sehr hoher Geschwindigkeit senkrecht rotieren.

Bei der Hausschlachtung kommen Kutter eher selten zum Einsatz, da sie hauptsächlich für die Brühwurstherstellung benötigt werden.

Allerdings sind im Handel mittlerweile auch kleinere Tisch- oder Küchenkutter erhältlich.

„Beeketal" Küchenkutter mit 6 Liter Arbeitsvolumen

„Beeketal" Tischkutter für max. 2,5 kg Brät

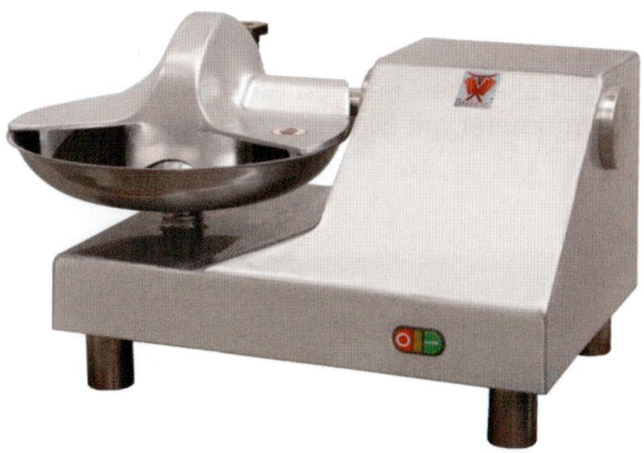

GERÄTE FÜR DIE HAUSSCHLACHTUNG

KÜCHENMASCHINE

Steht kein Kutter zur Verfügung, kann die Herstellung kleinerer Mengen Wurstbräts auch in einer Küchenmaschine mit integrierten Messern erfolgen.

FLEISCHTHERMOMETER

Mit diesem Thermometer wird die Wassertemperatur während des Garens von Wurst kontrolliert und die Kerntemperatur der Wurst gemessen.

Dadurch wird sichergestellt, dass die hergestellte Wurst qualitativ hochwertig und fehlerfrei ist.

Es gibt analoge Thermometer mit einer Skalenanzeige und elektronische Thermometer mit Digitalanzeige.

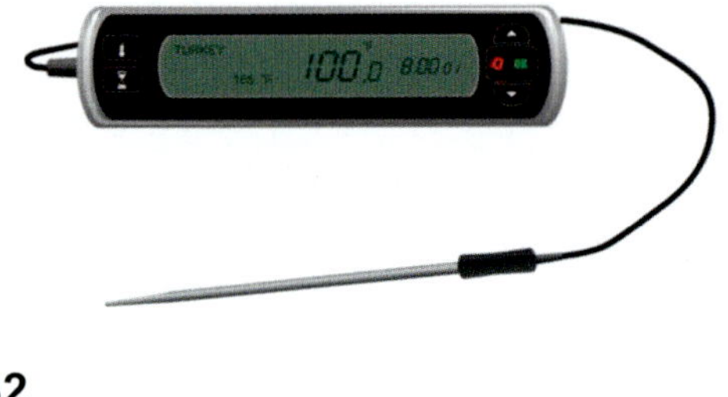

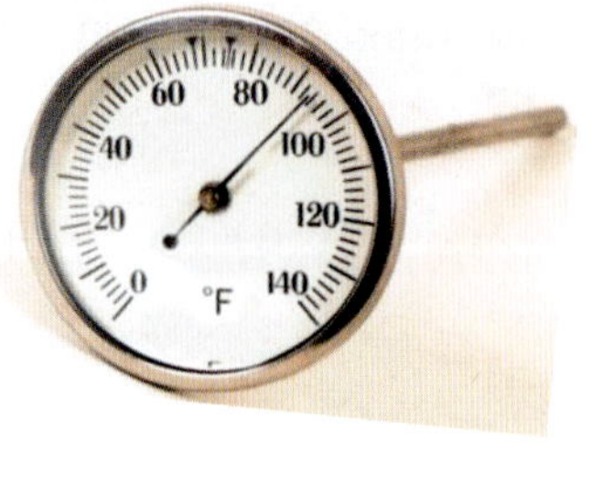

GERÄTE FÜR DIE HAUSSCHLACHTUNG

KÜCHENWAAGE

Mit der Küchenwaage wird das benötigte Fleisch- und Fettmaterial für die Herstellung der einzelnen Wurstsorten abgewogen.

GEWÜRZWAAGE

Digitale Gewürzwaagen kommen beim Abwiegen der jeweils benötigten Gewürzmengen zum Einsatz.

Alternativ kann auch eine Briefwaage verwendet werden, auf die man ein vorher gewogenes Plastikgefäß stellt und dann die Gewürze dort hinein füllt.

KOCHKESSEL

Der Kochkessel ist ein mit Holz, Kohle, Gas oder Strom befeuerter Behälter zum Erhitzen von Wasser, in dem Wurst gebrüht oder Fleisch gegart wird.

ARBEITSZUBEHÖR

EIMER

Eimer in unterschiedlichen Größen werden bei der Hausschlachtung zum Auffangen von Blut, Abschöpfen von Wurstbrühe oder als Behältnisse für Schlachtabfälle benötigt.

Aus hygienischen Gründen sollten alle zu verwendenden Eimer ausschließlich aus Kunststoff bestehen.

SCHÜSSELN UND WANNEN

In Schüsseln und Wannen wird Wurstmasse oder Hackfleisch gewürzt und gemengt.

Weiterhin dienen sie zur kurzfristigen Lagerung von Fleisch und Knochen während des Hausschlachtens.

Auch sie sollten möglichst aus Kunststoff bestehen.

SIEB / SEIHER

Siebe und Seiher sind in unterschiedlichen Größen sowie mit unterschiedlichen Lochdurchmessern erhältlich.

Beim Hausschlachten benötigt man sie z.B. zum Abseihen des Blutes und zum Trennen fester Fleischbestandteile von der Brühe.

SCHÖPFKELLE

Schöpfkellen sind in unterschiedlichen Größen erhältlich.

Mit ihnen wird Kochwurstmasse in Wursttrichter und Wurstfüllmaschinen gefüllt oder Wurstbrühe und Blut abgeschöpft.

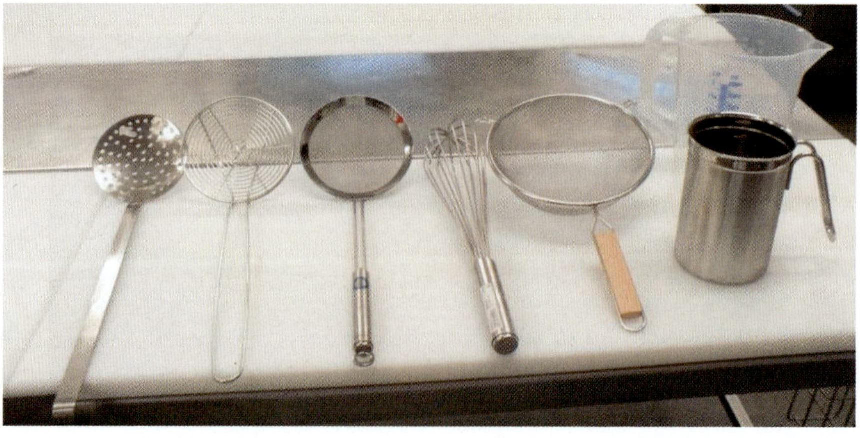

ARBEITSZUBEHÖR

FLEISCHGABEL / KESSELGABEL

Eine Fleischgabel / Kesselgabel mit langem Griff ermöglicht das Herausnehmen von Fleisch oder Wurst aus dem Kessel, ohne sich dabei die Hände zu verbrühen.

WURSTTRICHTER

Wursttrichter, auch „Handtrichter“ genannt, werden zum manuellen Einfüllen von Kochwurstmasse in Därme und Schraubgläser benutzt.

Sie bestehen aus Edelstahl und haben, je nach Verwendungszweck, unterschiedliche Trichterdurchmesser.

MESSBECHER

Messbecher benötigt man zum Abfüllen genau vorgegebenen Flüssigkeitsmengen oder flüssigen Zutaten.

GEWÜRZSCHAUFEL

Mit den unterschiedlich großen und aus Plastik oder Edelstahl bestehenden Gewürzschaufeln werden Gewürze aus Vorratsbehältern entnommen.

LEBERKÄSEFORM

In dieser oben nicht verschlossenen, gusseisernen Form wird Leberkäse gebacken.

Beim Hausschlachten kann aber auch eine herkömmliche, rechteckige Kuchenform verwendet werden.

PASTETENFORM

Diese gusseiserne, mit einem Deckel verschließbare Form, wird zum Garen von Pasteten benötigt.

FLEISCHERHAKEN

Die in unterschiedlichen Größen erhältlichen und aus Edelstahl bestehenden S-förmigen Fleischerhaken dienen zum Aufhängen von Fleisch, Schinken und Wurstwaren.

FLEISCHERBAND

Mit Fleischerband werden Würste abgebunden und Schlaufen zum Aufhängen, Lagern und Räuchern geformt.

DÄRME UND SONSTIGE WURSTHÜLLEN

Därme dienen als äußere Hüllen zur Stabilisierung und Formgebung der Wurstmasse. Unterschieden werden Natur- und Kunstdärme.

NATURDÄRME

Naturdärme stammen ausschließlich von Nutztieren, sind essbar und können getrocknet sowie geräuchert werden.

Durch ihre Geschmacksneutralität wird der Eigengeschmack des Wurstbräts nicht negativ beeinflusst.

Aufgrund ihrer Elastizität lassen sich Naturdärme sehr einfach füllen und abdrehen

Um Naturdärme als Wursthüllen verwenden zu können, müssen sie sofort nach dem Schlachten:

- vom Kot gereinigt
- vom äußeren Fett befreit
- in warmen Wasser gewendet
- entschleimt und dann bis zur Weiterverarbeitung
- in warmes Wasser gelegt werden

Vor dem Füllen ist es notwendig das Restwasser gründlich heraus zu streifen.

Dabei ist äußerst sorgfältig vorzugehen, damit die Därme nicht reißen oder brüchig werden.

Am besten überlässt man diese Aufgabe erfahrenen und damit vertrauten Personen.

Da die während des Hausschlachtens anfallenden Därme eines Tieres oftmals nicht als Wursthüllen ausreichen, können zuvor trocken gesalzene oder in Lake konservierte Därme zugekauft werden.

KUNSTDÄRME

Kunstdärme werden künstlich hergestellt und können ebenfalls getrocknet sowie geräuchert werden. Bis auf wenige Ausnahmen sind sie nicht essbar.

Im Gegensatz zu Naturdärmen sind Kunstdärme reißfest, haben immer denselben Darmdurchmesser (Kaliber) und sind einfacher zu lagern.

DÄRME UND SONSTIGE WURSTHÜLLEN

SONSTIGE WURSTHÜLLEN

Damit werden alle restlichen, bei der Schlachtung anfallenden Hüllen bezeichnet, die ebenfalls für die Wurst- und Schinkenproduktion verwendet werden.

Hierunter fallen zum Beispiel Schweine- und Rinderbutten, Schweinemägen und Schweineblasen.

VERWENDUNG DER SCHWEINEDÄRME

Schweinedünndarm / enger Schweinedarm	• **Bockwurst** • **Bratwurst** • **Knacker**
Schweinebutte (Blinddarm vom Schwein)	• **Preßwurst** • **Sülzwurst** • **Rotwurst** • **Zungenwurst**
Schweinskrausedarm / Krauser Darm (Teil vom Schweinedickdarm)	• **Blutwurst** • **Leberwurst**
Schweinefettende (Enddarm / Mastdarm)	• **Leberwurst** • **Schlackwurst** • **Cervelatwurst**
Schweineschlacke und Nachende (Teile vom Schweinefettende)	• **Schlackwurst** • **Cervelatwurst**
Schweineblase und Schweinemagen	• **Preßwurst** • **Zungenwurst** • **Bierwurst**

DÄRME UND SONSTIGE WURSTHÜLLEN

VERWENDUNG DER RINDERDÄRME

Rinderbutte (Blinddarm vom Rind)	• **Zungenwurst** • **Schwartenmagen** • **Preßkopf** • **Mortadella**
Rinderfettende (Enddarm / Mastdarm)	• **Leberwurst** • **Schlackwurst** • **Cervelatwurst**
Rinderkranzdarm (Dünndarm vom Rind)	• **Blutwurst** • **Leberwurst** • **Schinkenwurst** • **Bratwurst**
Rindermitteldarm (Dickdarm vom Rind))	• **Salami** • **Plockwurst** • **Leberwurst**

VERWENDUNG DER SCHAFSDÄRME

Schafssaitling (Dünndarm vom Schaf)	• **Wiener Würstchen** • **Bratwürstchen**
Hammelbutte (Blinddarm vom Hammel)	• **Salami** • **Mortadella** • **Jagdwurst**

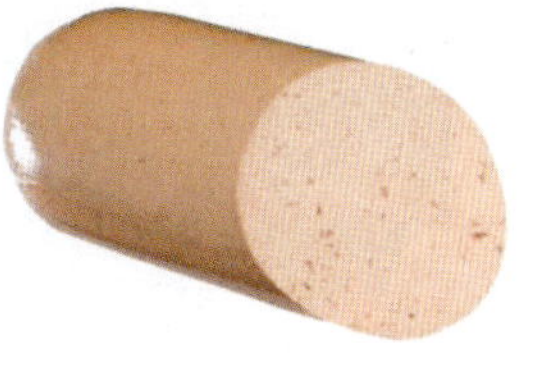

GEWÜRZE UND ZUSATZSTOFFE

GEWÜRZE ALLGEMEIN

Gewürze sind frische oder getrocknete Pflanzenteile, durch deren Zugabe Wurst- und Pökelwaren ihren arttypischen Geschmack und Geruch erhalten.

Sie wirken durch die in ihnen enthaltenen ätherischen Öle oder scharf schmeckenden Bitterstoffe.

In der richtigen Dosierung erhöhen Gewürze auch die Haltbarkeit von Wurst, beeinflussen deren Farbe, regen den Appetit an und tragen zu einer besseren Verdauung bei.

Die meisten Gewürze werden der Wurstmasse in gemahlener Form beigemengt.

Durch die Verwendung von ganzen, gerebelten oder grob geschroteten Gewürzen soll zusätzlich auch das Aussehen des fertigen Produktes verbessert werden.

GEWÜRZE UND ZUSATZSTOFFE

VERWENDUNG VON GEWÜRZEN

Damit Gewürze ihr volles Aroma entfalten können, sollte man sie möglichst im Ganzen kaufen und erst kurz vor dem Gebrauch mahlen.

Um der Bildung von Keimen vorzubeugen, sollten sie nur mit Gewürzschaufeln und niemals direkt per Hand entnommen werden.

Zur Erhaltung des Aromas ist darauf zu achten, die Gewürzbehälter sofort nach der Gewürzentnahme wieder zu verschließen.

Wurst, die später im warmen oder heißen Zustand verzehrt wird, ist bei der Herstellung unbedingt milder zu würzen.

LAGERUNG

Es wird empfohlen Gewürze folgendermaßen aufzubewahren:

- in dicht schließenden Behältern wie Dosen und Gläsern
- an einem kühlen und trockenen Ort
- dunkel und vor direktem Sonnenlicht geschützt

TYPISCHE WURST- UND SCHINKENGEWÜRZE

Cayennepfeffer hat einen sehr scharfen Geschmack und wird für die Herstellung einiger Rohwurstsorten verwendet.

Ingwer schmeckt brennend-scharf. Verwendet wird er für die Herstellung einiger Koch- und Brühwurstsorten

Der Geschmack von **Kardamom** ist sehr würzig und etwas süßlich-brennend. Verwendet wird er für die Herstellung einiger Cervelat- und Leberwurstsorten.

Knoblauch wird für die Herstellung einiger Brühwurstsorten, Knoblauchwürste und Salamis verwendet. Je nach Herkunft ist sein Geschmack unterschiedlich scharf.

Koriander schmeckt angenehm würzig, leicht scharf und süßlich. Verwendet wird er für die Herstellung verschiedener Rohwurst- und Schinkensorten.

TYPISCHE WURST- UND SCHINKENGEWÜRZE

Kümmel hat einen aromatisch herben Geschmack und wird für die Herstellung einiger Roh-, Brüh- und Sülzwurstsorten verwendet.

Lorbeerblätter schmecken herbwürzig und leicht bitter. In getrocknetem Zustand fügt man sie der Lake für die Schinkenherstellung bei.

Macis (Muskatblüte) hat einen zartbitteren, feinwürzigen Geschmack und wird für die Herstellung verschiedener Brühwurst- und Kochwurstsorten verwendet.

Der Geschmack von **Majoran** ist leicht brennend und aromatisch-süßlich.Verwendet wird er für die Herstellung verschiedener Leber- und Blutwurstsorten.

Muskatnüsse haben einen streng aromatischen und leicht bitteren Geschmack. Verwendet werden sie für die Herstellung verschiedener Schinken-, Koch- und Brühwurstsorten.

TYPISCHE WURST- UND SCHINKENGEWÜRZE

Nelken haben einen brennenden, stark-würzigen Geschmack und werden für die Herstellung verschiedener Blut- und Leberwurstsorten verwendet.

Der Geschmack von **Paprika** variiert von leicht scharf und mild-würzig (edelsüß) bis scharf-würzig (rosenscharf). Verwendet wird er für die Herstellung einiger Brühwurst-, Rohwurst- und Schinkensorten.

Schwarzer **Pfeffer** schmeckt aromatisch-scharf und weißer Pfeffer sehr scharf. Verwendet werden beide Gewürze für die Herstellung sämtlicher Wurstarten und einiger Schinkensorten.

Piment hat einen brennenden, sehr würzigen Geschmack und wird für die Herstellung verschiedener Sülz- Blut- und Leberwurstsorten verwendet.

Der Geschmack von **Senfkörnern** ist aromatisch scharf. Sie werden für die Herstellung verschiedener Rohwürste, Sülzen und Schinkensorten verwendet.

TYPISCHE WURST- UND SCHINKENGEWÜRZE

Schnittlauch hat einen scharf-würzigen Geschmack und wird für die Herstellung einiger Kochwurstsorten verwendet.

Sellerie schmeckt süßlich-scharf. Er wird für die Herstellung einiger Roh- und Brühwürste verwendet.

Wacholderbeeren haben einen süßen, würzigen Geschmack und werden der Lake für die Schinkenherstellung beigefügt.

Zimt hat einen würzig-süßlichen Geschmack. Verwendet wird er für die Herstellung verschiedener Leber- und Blutwurstsorten.

Zwiebeln schmecken, je nach Herkunft, mild oder scharf-würzig und werden für die Herstellung fast aller Wurstsorten verwendet.

ZUSATZSTOFFE

Zusatzstoffe tragen bei der Herstellung von Wurst- und Pökelwaren dazu bei, deren Geschmack, Geruch, Aussehen, Farbe und Konsistenz zu verbessern.

Außerdem können sie den Herstellungsprozess beschleunigen und die fertigen Produkte länger haltbar machen.

In welchen Höchstmengen Zusatzstoffe, die keine Lebensmittel sind, bei der **gewerblichen** Wurst- und Schinkenherstellung verwendet werden dürfen, regelt die Zusatzstoff - Zulassungsverordnung.

Typische **gewerbliche Zusatzstoffe** sind:

Emulgatoren	• **sind Hilfsstoffe zum Vermengen von zwei nicht miteinander mischbarer Flüssigkeiten z. B. Wasser und Öl**
Farbstoffe	• **zur Färbung oder Verstärkung der Farbe des fertigen Produktes**
„GdL“	• **Gluconsäure-delta-lacton ist ein Säureregulator / Säuerungsmittel für die Umrötung von Wurst und Schinken**
Geschmacksverstärker	• **zur Verstärkung des Geschmacks und Geruchs des fertigen Produktes**
Konservierungsstoffe	• **zur Verlängerung der Haltbarkeit von Wurst und Schinken**
Kutterhilfsmittel	• **zur Erhöhung der Fettemulgierung und des Wasserbindevermögens des Wurstbräts**
Reifemittel	• **zur Beschleunigung der Schnellreifung von Rohwurst**

ZUSATZSTOFFE

Die **Hausschlachtung** ist bei der Verwendung von Zusatzstoffen von gesetzlichen Regelungen ausgenommen.

Dennoch sollte man auch bei der privaten Wurst- und Schinkenherstellung nur die wirklich erforderlichen Mengen von Zusatzstoffen zugeben.

Typische Zusatzstoffe bei der **Hausschlachtung** sind:

Kochsalz	• **als Würzstoff und zur Konservierung von Wurst und Schinken**
Salpeter	• **in Verbindung mit Kochsalz zur Umrötung von Wurst und Schinken**
Nitritpökelsalz	• **fertiges Gemisch aus Natriumnitrit und Kochsalz** • **zur Umrötung und Konservierung von Wurst und Schinken**
Traubenzucker / Zucker	• **zur Geschmacks- und Aromaverbesserung der Wurst**
Rauch	• **zur Konservierung und Aromaverbesserung von Wurst und Schinken**

TEILSTÜCKE DES SCHWEINS

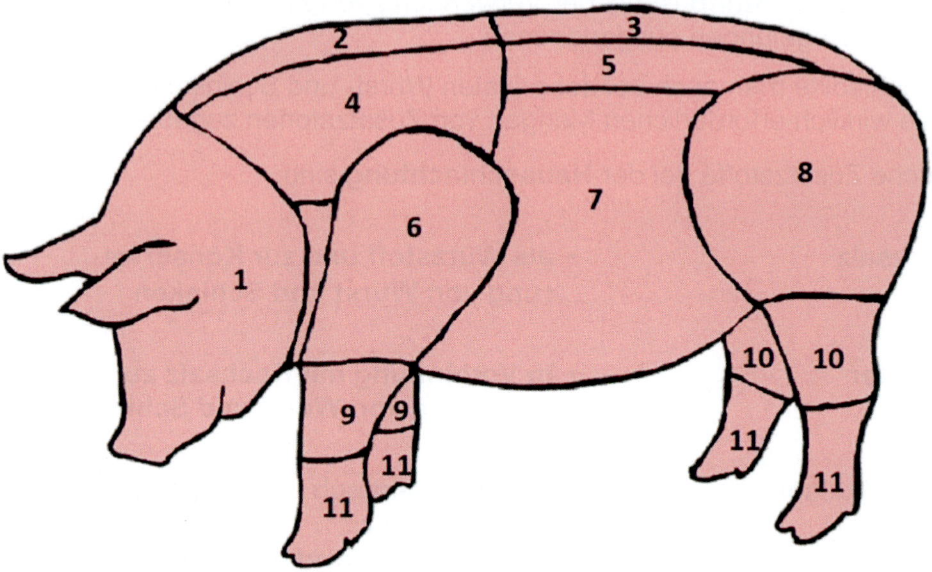

1	Kopf mit Backen	→	Kochwurst, Brühwurst, Sülze
2	Nackenspeck	→	Leberwurst, schnittfeste Rohwurst, Brühwurst
3	Rückenspeck	→	Kochwurst, schnittfeste Rohwurst, Brühwurst, geräucherter Speck
4	Nacken / Kamm	→	Leberwurst, Sülzwurst, Brühwurst, streichfähige Rohwurst, geräucherter Kamm
5	Kotelett mit Filet	→	Lachsschinken, Filetschinken
6	Schulter / Bug	→	Kochwurst, Brühwurst, Rohwurst
7	Bauch	→	Kochwurst, Brühwurst, Rohwurst

TEILSTÜCKE DES SCHWEINS

(8)	**Keule / Schinken**	→	**Rohwurst und Brühwurst, Schinkenspeck und Nuss-schinken**
(9)	**Vordereisbein**	→	**Sülze und Sülzwurst**
(10)	**Hintereisbein**	→	**Sülze und Sülzwurst**
(11)	**Pfoten / Spitzbeine**	→	**Sülze und Sülzwurst**

DAS ZERLEGEN EINER SCHWEINEKEULE

Die ganze Schweinekeule / der Schweineschinken...

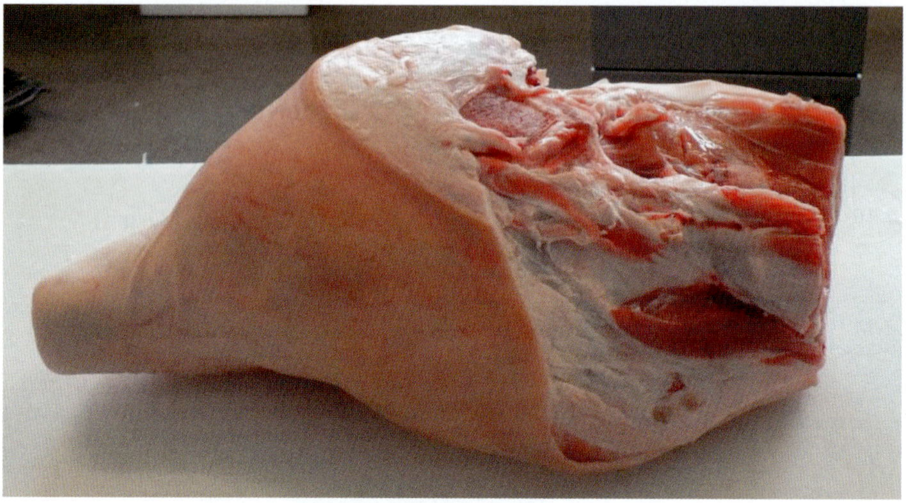

Schritt 1: Abschneiden des Eisbeins

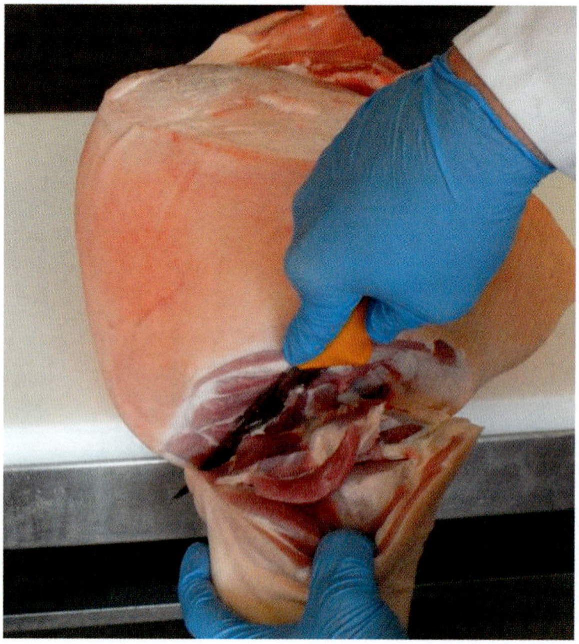

DAS ZERLEGEN EINER SCHWEINEKEULE

Schritt 2: Heraustrennen des Filetkopfes

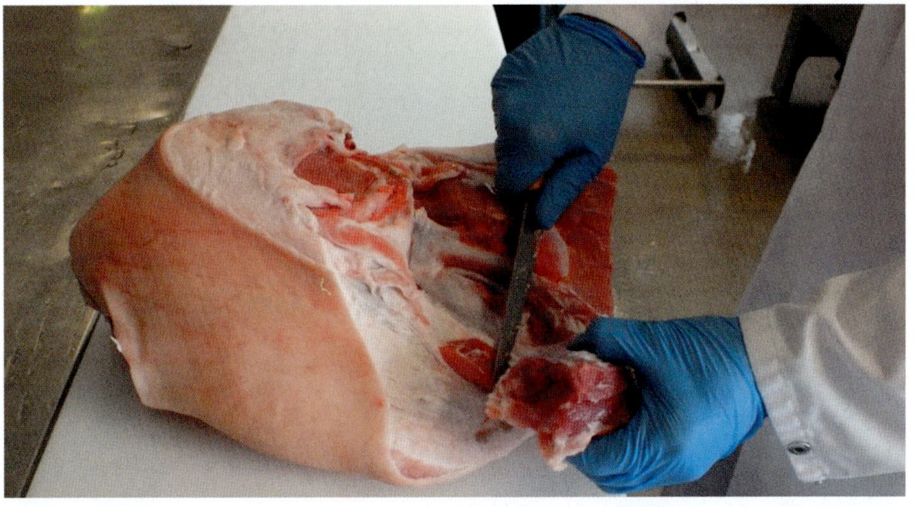

Schritt 3: Auslösen des Schlossknochens

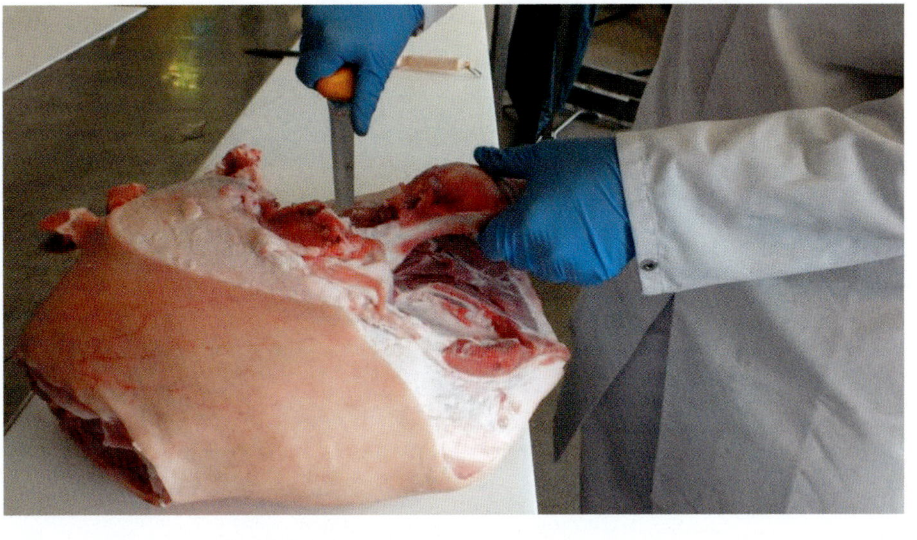

DAS ZERLEGEN EINER SCHWEINEKEULE

Schritt 4: Flies zwischen Oberschale und Kugel bis zum Röhrenknochen einschneiden

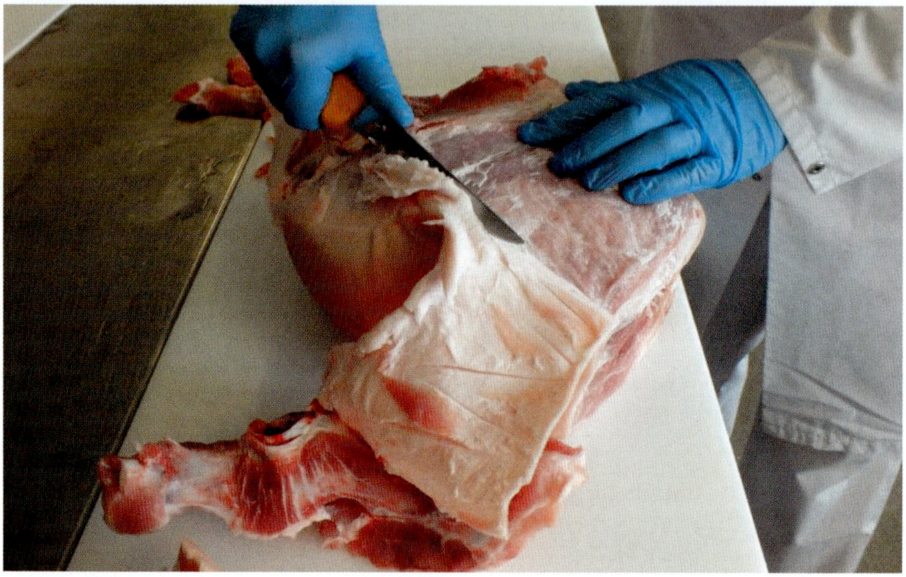

Die freigelegte Oberschale...

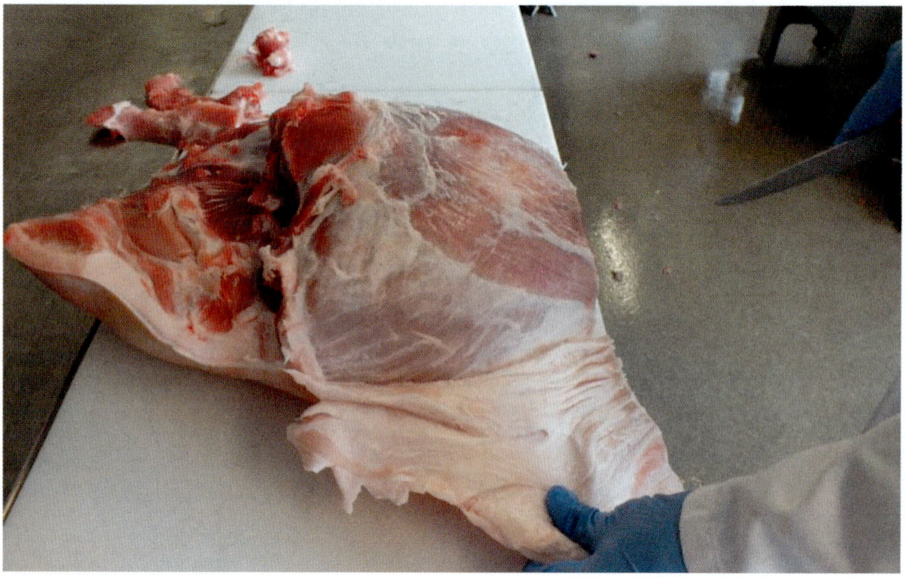

DAS ZERLEGEN EINER SCHWEINEKEULE

Schritt 5: Oberschale auslösen

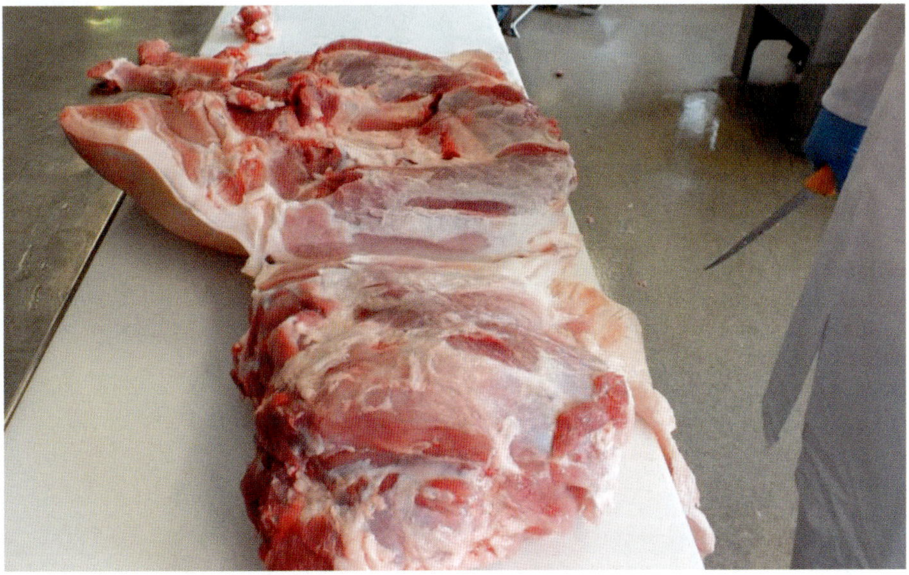

Die ausgelöste Oberschale…

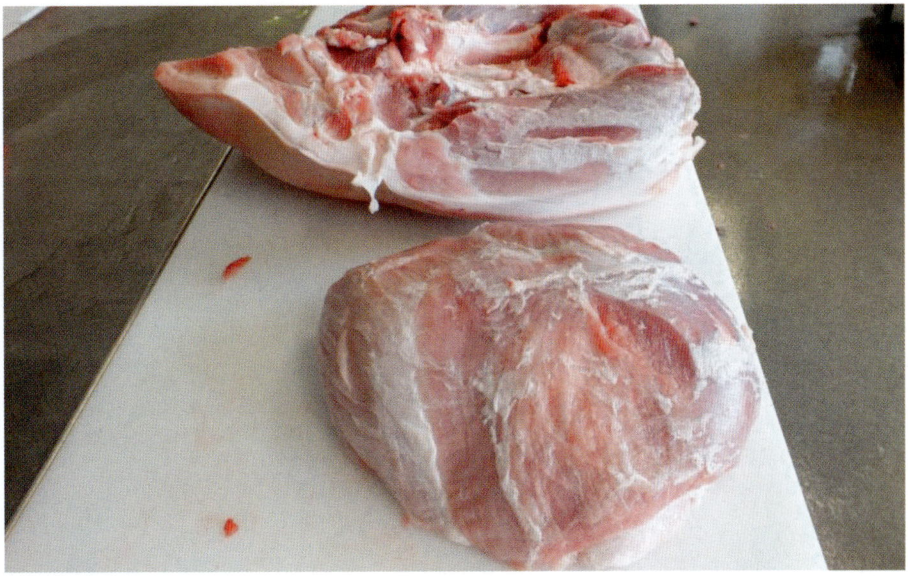

DAS ZERLEGEN EINER SCHWEINEKEULE

Schritt 6: Heraustrennen des Röhrenknochens

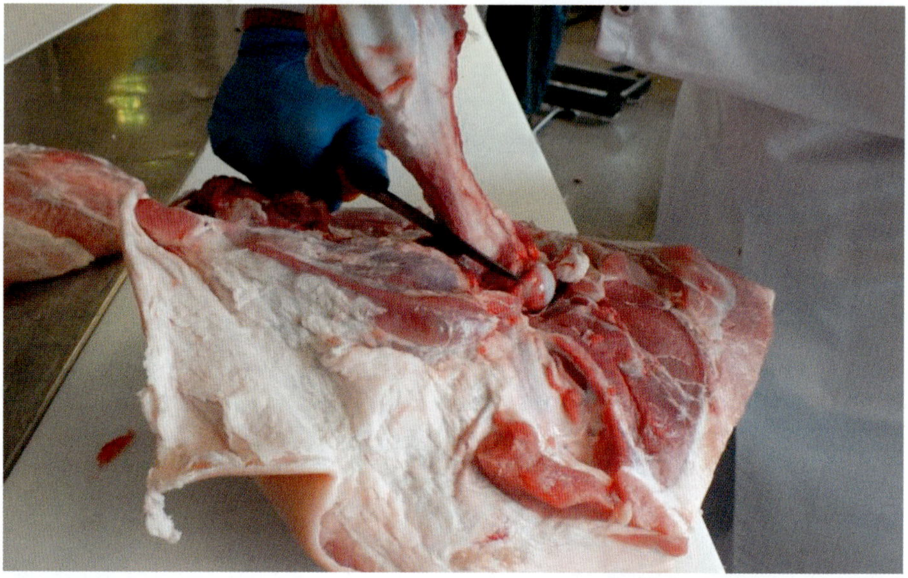

Schritt 7: Herausdrehen der Kugel (Nuss, Maus)

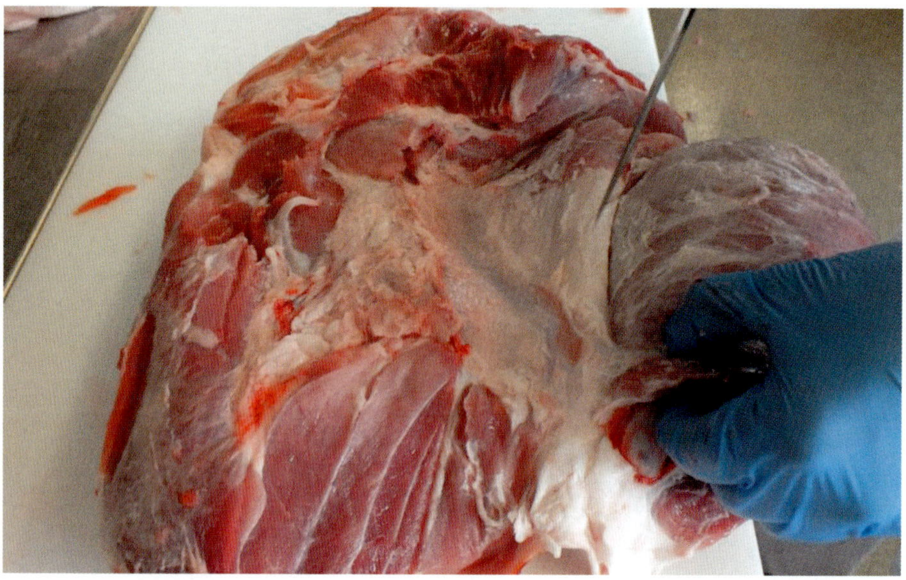

DAS ZERLEGEN EINER SCHWEINEKEULE

Schritt 8: Unterschale von der Hüfte trennen

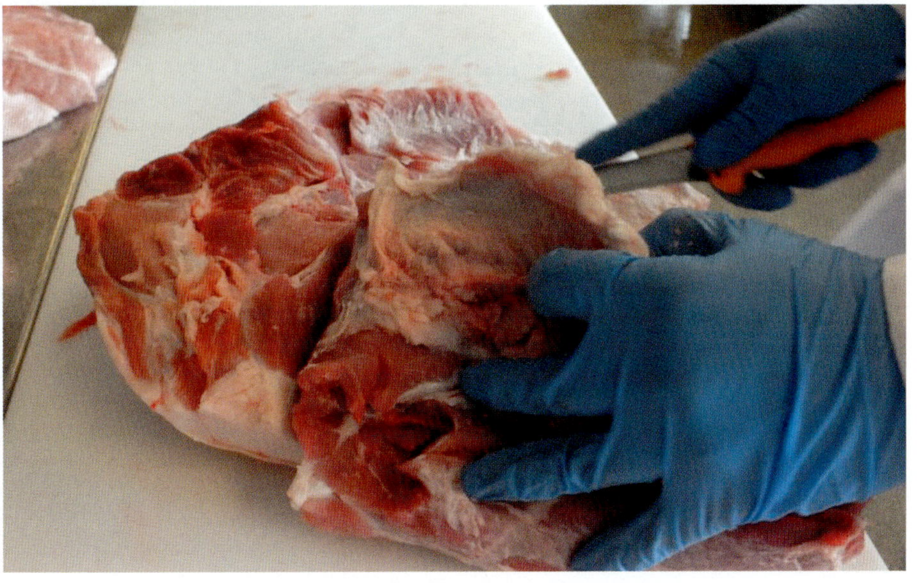

Oben die Hüfte - unten die Unterschale…

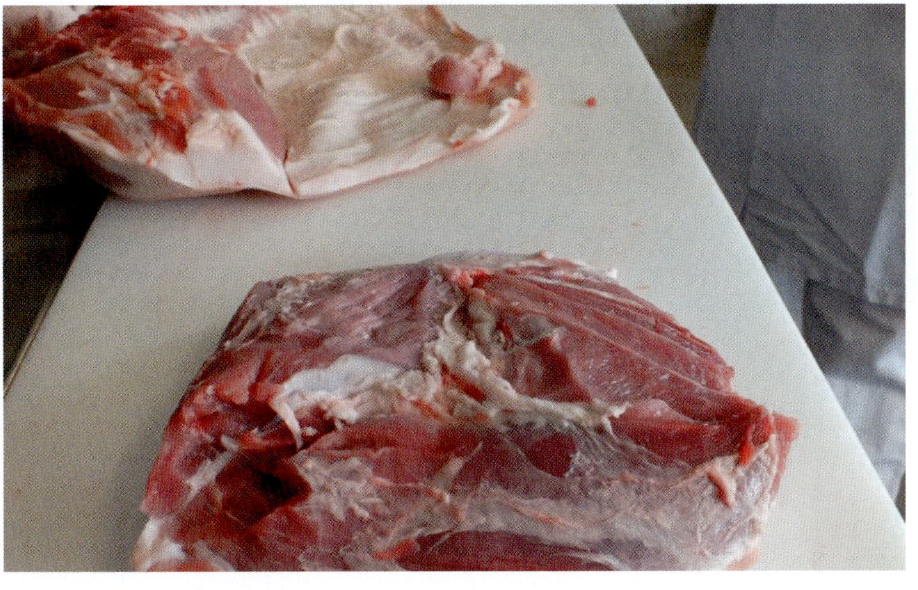

DAS ZERLEGEN EINER SCHWEINEKEULE

Schritt 9: Entschwarten der Hüfte

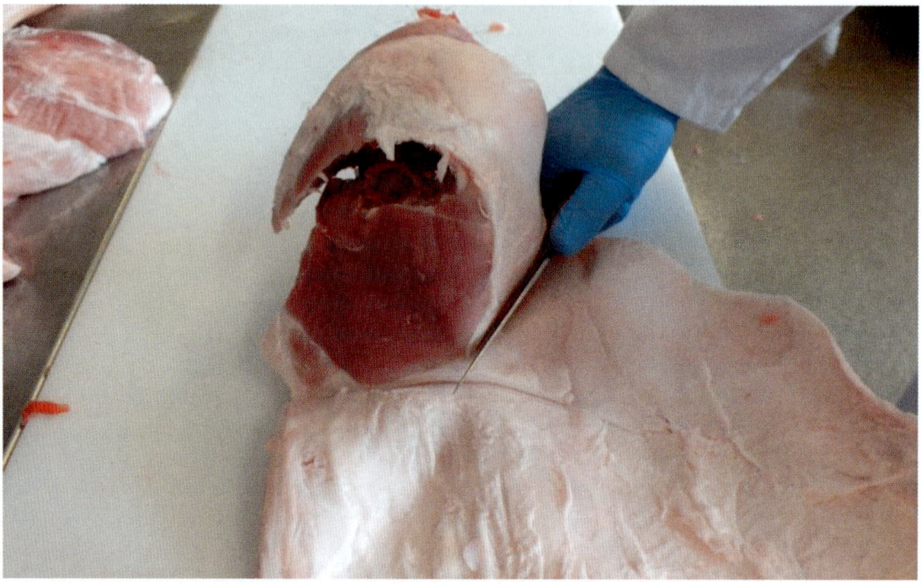

Die Einzelteile der Schweinekeule:

oben von links: Eisbein, Hüfte, Filetkopf
unten von links: Oberschale, Unterschale, Kugel

TEILSTÜCKE DES RINDES

1	Nacken / Kamm	→	Kochwurst, Brühwurst, Rohwurst
2	Fehlrippe / Hohe Rippe	→	Brühwurst und als Suppenfleisch
3	Ribeye	→	Schinken und als Steakfleisch zum Kurzbraten
4/5	Roastbeef	→	zum Kurzbraten und als kalter Bratenaufschnitt
6	Filet	→	Filetschinken und Steakfleisch zum Kurzbraten
7	Kugel	→	Brühwurst, Rohwurst, Sülze
8	Hüfte / Blume	→	Brühwurst, Rohwurst, Schinken
9	Unter- / Oberschale	→	Schinken und für Rinderrouladen

TEILSTÜCKE DES RINDES

10	**Brust**	→	**für Pastrami und als Suppenfleisch**
11	**Hessen**	→	**Sülze und Sülzwurst**
12	**Dünnung / Bauch**	→	**Brühwurst und Rohwurst**
13	**Flanke**	→	**Brühwurst und Rohwurst**

PSE - FLEISCH

Die Abkürzung PSE steht für die englischen Begriffe **pale**, **soft** und **exudative.**

Charakterisiert wird damit **blasses**, **weiches** und **wässriges** Schweinefleisch.

Die Hauptursache für die Entstehung von PSE - Fleisch ist die Überzüchtung von Schweinen, die dadurch einen zu hohen Anteil an Muskelfleisch und zu wenig Fett besitzen.

Werden diese überzüchteten und oft stressempfindlichen Tiere dann z. B. durch das Verladen, den Transport oder die Betäubung vor dem Schlachten zusätzlichem starken Stress ausgesetzt, kommt es zum schnellen Abbau ihrer Glykogenvorräte.

Dieser Abbau führt zur erhöhten Bildung von Milchsäure, einer Übersäuerung der gesamten Muskulatur und Veränderungen des Fleischeiweißes, des Muskelfarbstoffs Myoglobin sowie der Muskelstruktur.

Obwohl PSE - Fleisch von minderwertiger Qualität ist, kann man es aus gesundheitlicher Sicht noch uneingeschränkt verzehren.

Für die Wurstherstellung ist es aber aufgrund seines fehlenden Wasserbindevermögens nicht geeignet.

Auch die Herstellung von Schinken aus PSE - Fleisch ist nicht empfehlenswert, da dieser schlecht umröten, nach dem Trocknen bzw. Räuchern zu stark an Gewicht verlieren und zu salzig schmecken würde.

DFD - FLEISCH

DFD ist die Abkürzung der englischen Begriffe **dark**, **firm** und **dry.**

Gekennzeichnet wird damit **dunkles**, **festes** sowie **trockenes** Fleisch von Rindern und Schweinen.

Dieses Fleisch entsteht bei Tieren, die durch einen langen Transport oder durch länger andauernden Futtermangel vor der Schlachtung stark erschöpft sind.

Dadurch kommt es zum schnellen Abbau ihrer Glykogenvorräte und die zur Fleischreifung benötigte Milchsäure wird nur noch ungenügend gebildet.

Für die Wurstherstellung allgemein ist DFD - Fleisch nicht mehr geeignet.

Aufgrund seines guten Wasserbindevermögens kann es aber in kleineren Mengen dem Material für die Brühwurstherstellung beigegeben werden.

Da es bakteriell sehr anfällig ist, muss es allerdings schnell verbraucht bzw. verarbeitet werden.

TEILSTÜCKE DES SCHAFES

1	Hals / Nacken	→	Kochwurst, Brühwurst, Rohwurst
2	Schulter	→	Kochwurst, Brühwurst, Rohwurst
3/4	Kotelett	→	zum Kurzbraten
5	Filet	→	Schinken und zum Kurzbraten
6	Keule	→	Brühwurst, Rohwurst, Sülze, Schinken
7	Brust	→	Kochwurst
8	Dünnung / Bauch	→	Kochwurst, Brühwurst, Rohwurst
9	Vorderhaxe	→	als geschmortes Gericht
10	Hinterhaxe	→	als geschmortes Gericht

TEILSTÜCKE GEFLÜGEL

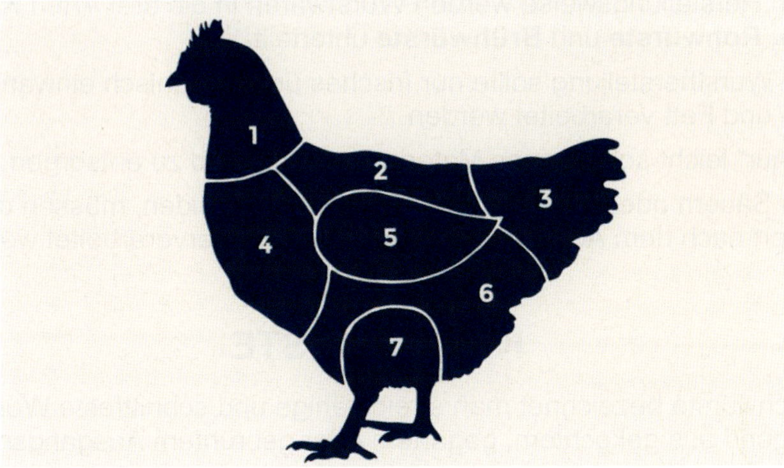

1	**Hals**	→	**Suppenfleisch**
2	**Rückenstück**	→	**Suppenfleisch**
3	**Schwanz**	→	**Suppenfleisch**
4	**Brust**	→	**Kochwurst, Brühwurst, Rohwurst, Sülzwurst, Schinken**
5	**Flügel**	→	**Chicken Wings**
6	**Oberkeule**	→	**Kochwurst, Brühwurst, Rohwurst, Sülzwurst, Schinken**
7	**Unterkeule**	→	**geräuchert**

KOCHWURST, ROHWURST, BRÜHWURST

Je nach Herstellungsweise werden Wurstwaren in die drei Arten **Kochwürste, Rohwürste** und **Brühwürste** unterteilt.

Für die Wurstherstellung sollte nur frisches und hygienisch einwandfreies Fleisch und Fett verarbeitet werden.

Auch „nur" leicht schmieriges Material ist umgehend zu entsorgen.

Um ein Säuern oder sonstige Wurstfehler zu vermeiden, müssen die Würste sofort nach dem Abfüllen wie beschrieben weiterverarbeitet werden.

KOCHWÜRSTE

Als Kochwürste bezeichnet man streichfähige und schnittfeste Würste, die vorwiegend aus gekochtem, gegartem oder gebrühtem Ausgangsmaterial hergestellt werden.

Nur Leber und Blut werden meist in roher Form zugegeben.

Zu den Kochwurstarten gehören:

- Leberwürste
- Blutwürste
- Sülzwürste
- Sülzen

LEBERWÜRSTE

HERSTELLUNG VON LEBERWÜRSTEN

Ihren charakteristischen Geschmack erhält die Leberwurst durch die Zugabe von Leber.

Allerdings sollte nur die Leber vom Schwein verwendet werden, da Rinderleber wegen ihres herben Geschmacks und der dunklen Farbe eher ungeeignet ist.

Um eine geschmacklich gute Wurst zu erhalten, sollte der Leberanteil nicht mehr als 30% und nicht weniger als 10% der Gesamtmasse betragen.

VORBEHANDLUNG DER LEBER

Damit die fertige Leberwurst keinen unangenehmen Geschmack bekommt, muss die Leber vorher von den gelblichen Gallengängen befreit werden.

Danach wird sie dann entweder gebrüht oder roh verwendet.

Bei beiden Verwendungsarten schneidet man die Leber zuvor in 1cm dicke Scheiben und legt sie dann zum Abwässern des Blutes für 20 - 30 Minuten in kaltes Wasser.

Während dieser Zeit muss das Wasser ein bis zweimal gewechselt werden.

Gebrüht wird die Leber nur dann, wenn die fertige Wurst eine ganz helle Farbe haben soll.

Dafür gibt man die Leberscheiben nach dem Wässern in ein Sieb, übergießt sie ganz kurz mit kochendem Wasser und kühlt sie dann mit kaltem Wasser ab.

VORBEHANDLUNG VON FLEISCH UND FETT

Zur Herstellung einer qualitativ hochwertigen Leberwurst sollte nur frisches Fleisch und Fett verwendet werden.

Als Fettmaterial eignet sich vor allem weiches und schmalziges Fett vom Schwein, wie Nacken- und Schulterspeck, Schweinewammen und fetter Schweinebauch.

Soll die fertige Leberwurst eine rosarote Farbe haben, muss das Magerfleisch vor seiner Verwendung durch die Zugabe von Nitritpökelsalz oder Salz und Salpeter gepökelt werden.

Vor seiner Weiterverarbeitung muss das Magerfleisch und Fettmaterial gut vorgegart werden.

LEBERWÜRSTE

VORGAREN VON FLEISCH UND FETT

Zum Vorgaren gibt man das Fleisch und Fett erst 5 Minuten in kochendes Wasser und lässt es dann solange in ca. 90°C heißem Wasser ziehen, bis eine Kerntemperatur von 65°C erreicht ist.

VORGAREN VON SCHWARTEN

Die zur Herstellung mancher Leberwurstsorten benötigten Schwarten werden bei einer Kesseltemperatur von ca. 90°C halbgar gekocht und **müssen** dann unbedingt noch warm weiterverarbeitet werden.

Zu sehr abgekühlte und dadurch wieder fest gewordene Schwarten mindern die Qualität der fertigen Leberwurst erheblich!

ZUGABE VON ZWIEBELN

Zwiebeln sollten der Leberwurstmasse nie in rohem Zustand zugegeben werden, da sie sonst das Säuern der fertigen Wurst begünstigen.

Vor ihrer Verwendung muss man sie unbedingt schmoren!

WOLFEN UND ABFÜLLEN

Je nach Rezept wird das Material ein- oder zweimal gewolft und dann unter Zugabe der Gewürze solange vermengt, bis die gewünschte Konsistenz erreicht ist.

Danach füllt man die Leberwurstmasse in Rinderkranzdärme, Krausedärme vom Schwein (Schweinekrausen) oder Rindermitteldärme.

Bei manchen Leberwurstrezepten kann die Abfüllung auch in Schweinefettenden, Schweineblasen oder Rinderbutten erfolgen.

Allerdings darf das Füllen in Naturdärme nicht zu fest geschehen, da sie sich während des Kochens stark zusammen ziehen.

Zu prall gefüllte Würste können dann leicht platzen!

Nach dem Füllen bindet man einzelne Würste oder Wurstringe in der gewünschten Länge ab, die dann sofort ins kochende Wasser des Kessels gegeben werden müssen.

Dadurch schließen sich die Darmporen und kein wertvoller Wurstsaft gelangt in die Kesselbrühe.

LEBERWÜRSTE

GAREN DER LEBERWÜRSTE

Nachdem die Leberwürste 10 Minuten gekocht wurden, senkt man die Kesseltemperatur durch Zugabe von etwas kaltem Wasser auf 80°C ab und lässt sie unter Beibehaltung dieser Temperatur fertig garen.

Damit sich das Fett gut verteilt und die Würste eine schöne pralle Form erhalten, sollte man sie während des Garens mehrfach im Kessel wenden.

Die Gardauer richtet sich dabei nach dem Durchmesser (Kaliber) der verwendeten Därme und beträgt je Millimeter ca. eine Minute Garzeit.

Genauer kann der Garzeitpunkt durch die Verwendung eines Fleischthermometers festgestellt werden.

Haben die Leberwürste eine Kerntemperatur von 70°C, sind sie gar.

KÜHLEN, TROCKNEN UND RÄUCHERN

Nach dem Kochen werden die Leberwürste aus dem Kessel genommen und in lauwarmes Wasser gelegt.

Dann gibt man nach und nach so viel kaltes Wasser dazu, bis sie völlig ausgekühlt sind und reibt sie nach dem Herausnehmen gut mit Küchenpapier ab.

Anschließend hängt man die Leberwürste ca. 12 Stunden zum Trocknen in einen kühlen, luftigen Raum und räuchert sie dann 4 - 8 Stunden kalt.

Alles Wissenswerte zu den Räucherarten und zum Räuchervorgang wird im Kapital Schinkenherstellung auf den Seiten 194 - 199 erklärt.

Das Material vorgaren...

...und ebenso wie die rohe Leber durch den Wolf lassen.

Das gewolfte Material.

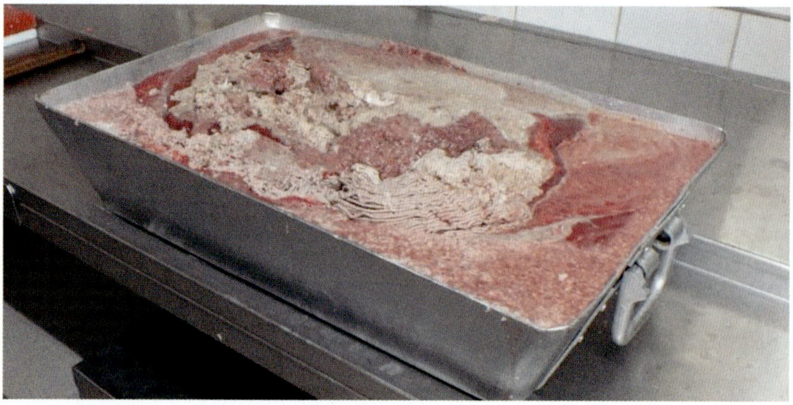

Die Gewürze und Zutaten zugeben...

...und alles gut vermengen.

Die fertige Leberwurstmasse.

Die Masse in Rinderkranzdärme füllen...

...und einzelne Ringe abbinden.

Die abgebundenen Leberwurstringe...

…im Kochkessel fertig garen

…und nach dem Trocknen kalt räuchern.

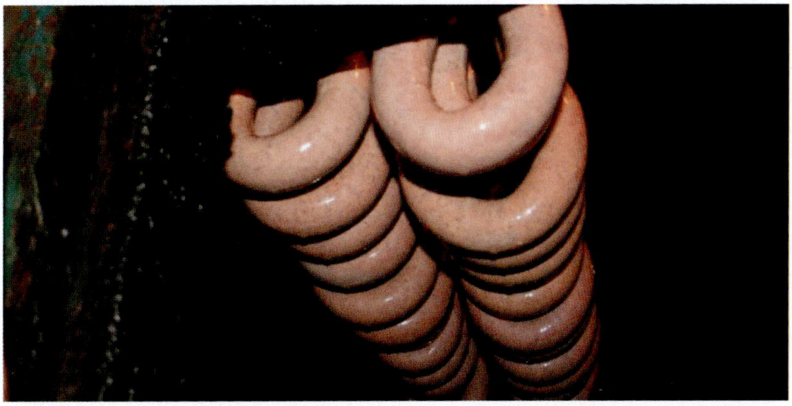

Die fertigen Leberwürste.

LANDLEBERWURST

Material für 2,5 kg Landleberwurst

- 1,1 kg Schweineschulter ohne Knochen, vorgegart
- 0,8 kg Schweinebacken, vorgegart
- 0,6 kg Schweineleber, roh

Gewürze und Zutaten

- 60 g Salz
- 7,5 g Pfeffer, gemahlen
- 2,5 g Ingwer, gemahlen
- 1,5 g Macis, gemahlen
- 1,0 g Kardamom, gemahlen
- 1,0 g Piment, gemahlen
- 1,0 g Thymian, gerebelt
- 75 g Zwiebeln, geschmort

Herstellung

Die in Scheiben geschnittene Leber zusammen mit den geschmorten Zwiebeln durch die 2mm - Scheibe und das in Stücke geschnittene restliche Material nacheinander durch die 4mm - Scheibe des Wolfes lassen.
Die Gewürze und Zutaten zugeben, alles gut miteinander vermengen und die Masse in Schweinekrausen füllen.
Die einzeln und auf die gewünschte Länge abgebundenen Leberwürste für 10 Minuten ins kochende Wasser geben und dann 45 - 90 Minuten in 80°C heißem Wasser fertig garen.
Dabei rechnet man je Millimeter Darmdurchmesser eine Minute Garzeit.
Damit sich das Fett gut verteilt und die Würste eine schöne pralle Form erhalten, sollte man sie während des Garens mehrfach im Kessel wenden.
Danach werden sie zuerst in lauwarmes Wasser gelegt und dann unter Zugabe von kaltem Wasser abgekühlt.
Anschließend hängt man die Landleberwürste ca. 12 Stunden zum Trocknen in einen kühlen, luftigen Raum und räuchert sie dann bei einer Temperatur von 20°C kalt.
Die Räucherdauer beträgt, je nach Geschmack, 4 - 8 Stunden.

HAUSMACHER LEBERWURST

Material für 2,5 kg Hausmacher Leberwurst

- 1,2 kg Schweineschulterspeck, vorgegart
- 0,8 kg Schweineschulter ohne Knochen, vorgegart
- 0,5 kg Schweineleber, roh

Gewürze und Zutaten

- 60 g Salz
- 7,5 g Pfeffer, gemahlen
- 7,5 g Majoran, gerebelt
- 1,5 g Kardamom, gemahlen

Herstellung

Die in Scheiben geschnittene Leber durch die 2mm - Scheibe des Wolfes lassen.
Das in Stücke geschnittene restliche Material nacheinander durch die 4mm - Scheibe wolfen.
Die Gewürze und Zutaten zugeben, alles gut miteinander vermengen und die Masse in Rinderkranzdärme füllen.
Die einzeln und auf die gewünschte Länge abgebundenen Leberwurstringe für 10 Minuten ins kochende Wasser geben und dann 45 - 60 Minuten in 80°C heißem Wasser fertig garen.
Dabei rechnet man je Millimeter Darmdurchmesser eine Minute Garzeit.
Damit sich das Fett gut verteilt und die Würste eine schöne pralle Form erhalten, sollte man sie während des Garens mehrfach im Kessel wenden.
Danach werden sie zuerst in lauwarmes Wasser gelegt und dann unter Zugabe von kaltem Wasser abgekühlt.
Anschließend hängt man die Hausmacher Leberwürste ca. 12 Stunden zum Trocknen in einen kühlen, luftigen Raum und räuchert sie dann bei einer Temperatur von 20°C kalt.
Die Räucherdauer beträgt, je nach Geschmack, 4 - 8 Stunden.

GROBE LEBERWURST

Material für 2,5 kg Grobe Leberwurst

- 1,0 kg fetter Schweinebauch, vorgegart
- 0,8 kg Schweineschulter ohne Knochen, vorgegart
- 0,5 kg Schweineleber, roh
- 0,2 kg Schweineherzen, gebrüht

Gewürze und Zutaten

- 60 g Salz
- 5,0 g Pfeffer, gemahlen
- 2,5 g Piment, gemahlen
- 1,5 g Thymian, gerebelt
- 1,0 g Nelken, gemahlen

Herstellung

Die in Scheiben geschnittene Leber durch die 2mm - Scheibe und das in Stücke geschnittene restliche Material nacheinander durch die 8mm - Scheibe des Wolfes lassen.
Die Gewürze und Zutaten zugeben, alles gut miteinander vermengen und die Masse in Rindermitteldärme füllen.
Die einzeln und auf die gewünschte Länge abgebundene Leberwürste für 10 Minuten ins kochende Wasser geben und dann 45 - 90 Minuten in 80°C heißem Wasser fertig garen.
Dabei rechnet man je Millimeter Darmdurchmesser eine Minute Garzeit.
Damit sich das Fett gut verteilt und die Würste eine schöne pralle Form erhalten, sollte man sie während des Garens mehrfach im Kessel wenden.
Danach werden sie zuerst in lauwarmes Wasser gelegt und dann unter Zugabe von kaltem Wasser abgekühlt.
Anschließend hängt man die Groben Leberwürste ca. 12 Stunden zum Trocknen in einen kühlen, luftigen Raum und räuchert sie dann bei einer Temperatur von 20°C kalt.
Die Räucherdauer beträgt, je nach Geschmack, 4 - 8 Stunden.

ZWIEBELLEBERWURST

Material für 2,5 kg Zwiebelleberwurst

- 1,0 kg Schweinebacken, vorgegart
- 0,8 kg Schweineschulter ohne Knochen, vorgegart
- 0,5 kg Schweineleber, roh
- 0,2 kg Zwiebeln, geschmort

Gewürze und Zutaten

- 55 g Salz
- 7,5 g Pfeffer, gemahlen
- 2,5 g Majoran, gerebelt
- 1,5 g Piment, gemahlen

Herstellung

Die in Scheiben geschnittene Leber zusammen mit den geschmorten Zwiebeln durch die 2mm - Scheibe des Wolfes lassen.
Die Schulter und den Speck nacheinander durch die 4mm - Scheibe wolfen.
Dann die Gewürze und Zutaten zugeben, alles gut miteinander vermengen und die Masse in Rinderkranzdärme füllen.
Die einzeln und auf die gewünschte Länge abgebundenen Leberwurstringe für 10 Minuten ins kochende Wasser geben und dann 45 - 60 Minuten in 80°C heißem Wasser fertig garen.
Dabei rechnet man je Millimeter Darmdurchmesser eine Minute Garzeit.
Damit sich das Fett gut verteilt und die Würste eine schöne pralle Form erhalten, sollte man sie während des Garens mehrfach im Kessel wenden.
Danach werden sie zuerst in lauwarmes Wasser gelegt und dann unter Zugabe von kaltem Wasser abgekühlt.
Nachdem die Zwiebelleberwürste ca. 12 Stunden zum Trocknen in einen kühlen, luftigen Raum gehängt wurden, kann man sie entweder frisch verzehren oder 1 - 2 Stunden bei einer Temperatur von 20°C kalt anräuchern.

HAMBURGER LEBERWURST

Material für 2,5 kg Hamburger Leberwurst

- 0,75 kg Schweineschulter ohne Knochen, vorgegart
- 0,75 kg Schweinebacken, vorgegart
- 0,5 kg magerer Schweinebauch, vorgegart
- 0,5 kg Schweineleber, roh

Gewürze und Zutaten

- 60 g Salz
- 7,5 g Pfeffer, gemahlen
- 1,5 g Macis, gemahlen
- 1,0 g Kardamom, gemahlen
- 40 g Zwiebeln, geschmort

Herstellung

Die in Scheiben geschnittene Leber ganz kurz mit kochendem Wasser übergießen und nach dem Abkühlen zusammen mit den geschmorten Zwiebeln durch die 2mm - Scheibe des Wolfes lassen.
Das in Stücke geschnittene restliche Material nacheinander durch die 3mm - Scheibe wolfen.
Die Gewürze und Zutaten zugeben, alles gut miteinander vermengen und die Masse in Rinderkranzdärme füllen.
Die einzeln und auf die gewünschte Länge abgebundenen Leberwurstringe für 10 Minuten ins kochende Wasser geben und dann 45 - 60 Minuten in 80°C heißem Wasser fertig garen.
Dabei rechnet man je Millimeter Darmdurchmesser eine Minute Garzeit.
Damit sich das Fett gut verteilt und die Würste eine schöne pralle Form erhalten, sollte man sie während des Garens mehrfach im Kessel wenden.
Danach werden sie zuerst in lauwarmes Wasser gelegt und dann unter Zugabe von kaltem Wasser abgekühlt.
Anschließend hängt man die Hamburger Leberwürste ca. 12 Stunden zum Trocknen in einen kühlen, luftigen Raum und räuchert sie dann bei einer Temperatur von 20°C kalt.
Die Räucherdauer beträgt, je nach Geschmack, 4 - 8 Stunden.

THÜRINGER LEBERWURST

Material für 2,5 kg Thüringer Leberwurst

- 1,0 kg magerer Schweinebauch, vorgegart
- 1,0 kg Schweinenackenspeck, vorgegart
- 0,5 kg Schweineleber, roh

Gewürze und Zutaten

- 55 g Salz
- 5,0 g Pfeffer, gemahlen
- 2,5 g Majoran, gerebelt
- 1,5 g Macis, gemahlen
- 1,5 g Piment, gemahlen
- 50 g Zwiebeln, geschmort

Herstellung

Die in Scheiben geschnittene Leber ganz kurz mit kochendem Wasser übergießen und nach dem Abkühlen zusammen mit den geschmorten Zwiebeln durch die 2mm - Scheibe des Wolfes lassen.
Das in Stücke geschnittene restliche Material nacheinander durch die 5mm - Scheibe wolfen.
Die Gewürze und Zutaten zugeben, alles gut miteinander vermengen und die Masse in Schweinekrausen füllen.
Die einzeln und in der gewünschten Länge abgebundenen Leberwürste für 10 Minuten ins kochende Wasser geben und dann 45 - 90 Minuten in 80°C heißem Wasser fertig garen.
Dabei rechnet man je Millimeter Darmdurchmesser eine Minute Garzeit.
Damit sich das Fett gut verteilt und die Würste eine schöne pralle Form erhalten, sollte man sie während des Garens mehrfach im Kessel wenden.
Danach werden sie zuerst in lauwarmes Wasser gelegt und dann unter Zugabe von kaltem Wasser abgekühlt.
Anschließend hängt man die Thüringer Leberwürste ca. 12 Stunden zum Trocknen in einen kühlen, luftigen Raum und räuchert sie dann bei einer Temperatur von 20°C kalt.
Die Räucherdauer beträgt, je nach Geschmack, 4 - 8 Stunden.

FRANKFURTER LEBERWURST

Material für 2,5 kg Frankfurter Leberwurst

- 0,8 kg gepökelte Schweineschulter ohne Knochen, vorgegart
- 0,8 kg Schweinerückenspeck, vorgegart
- 0,5 kg Schweineleber, roh
- 0,4 kg Schweinebacken, vorgegart

Gewürze und Zutaten

- 60 g Salz
- 7,5 g Zucker
- 7,5 g Pfeffer, gemahlen
- 2,5 g Majoran, gerebelt
- 1,5 g Thymian, gerebelt
- 1,5 g Macis, gemahlen
- 1,0 g Ingwer, gemahlen
- 38 g Zwiebeln, geschmort

Herstellung

Die in Scheiben geschnittene Leber zusammen mit den geschmorten Zwiebeln zweimal und das in Stücke geschnittene restliche Material nacheinander einmal durch die 2mm - Scheibe wolfen.
Die Gewürze und Zutaten zugeben, alles gut miteinander vermengen und die Masse in Rinderkranzdärme füllen.
Die einzeln und in der gewünschten Länge abgebundenen Leberwurstringe für 10 Minuten ins kochende Wasser geben und dann 45 - 60 Minuten in 80°C heißem Wasser fertig garen.
Dabei rechnet man je Millimeter Darmdurchmesser eine Minute Garzeit.
Damit sich das Fett gut verteilt und die Würste eine schöne pralle Form erhalten, sollte man sie während des Garens mehrfach im Kessel wenden.
Danach werden sie zuerst in lauwarmes Wasser gelegt und dann unter Zugabe von kaltem Wasser abgekühlt.
Anschließend hängt man die Frankfurter Leberwürste ca. 12 Stunden zum Trocknen in einen kühlen, luftigen Raum und räuchert sie dann bei einer Temperatur von 20°C kalt.
Die Räucherdauer beträgt, je nach Geschmack, 4 - 8 Stunden.

GÄNSELEBERWURST

Material für 2,5 kg Gänseleberwurst

- 1,7 kg Gänsebrust, vorgegart
- 0,4 kg Schweinerückenspeck, vorgegart
- 0,4 kg Gänseleber, roh

Gewürze und Zutaten

- 55 g Nitritpökelsalz
- 7,5 g Pfeffer, gemahlen
- 5,0 g Zucker
- 1,5 g Macis, gemahlen
- 1,0 g Ingwer, gemahlen

Herstellung

Die Gänseleber durch die 2mm - Scheibe und das in Stücke geschnittene restliche Material nacheinander durch die 4mm - Scheibe des Wolfes lassen.
Die Gewürze und Zutaten zugeben, alles gut miteinander vermengen und die Masse in Rindermitteldärme füllen.
Die einzeln und in der gewünschten Länge abgebundenen Leberwürste für 10 Minuten ins kochende Wasser geben und dann 45 - 90 Minuten in 80°C heißem Wasser fertig garen.
Dabei rechnet man je Millimeter Darmdurchmesser eine Minute Garzeit.
Damit sich das Fett gut verteilt und die Würste eine schöne pralle Form erhalten, sollte man sie während des Garens mehrfach im Kessel wenden.
Danach werden sie zuerst in lauwarmes Wasser gelegt und dann unter Zugabe von kaltem Wasser abgekühlt.
Anschließend hängt man die Gänseleberwürste ca. 12 Stunden zum Trocknen in einen kühlen, luftigen Raum.
Nach dem Trocknen werden sie 3 - 4 Stunden bei einer Temperatur von 20°C kalt geräuchert.

FASANENLEBERWURST MIT ROSINEN

Material für 2,5 kg Fasanenleberwurst

- 1,5 kg Fasanenfleisch, vorgegart
- 0,5 kg Schweinerückenspeck, vorgegart
- 0,5 kg Schweineleber, roh

Gewürze und Zutaten

- 55 g Salz
- 6,0 g Pfeffer, gemahlen
- 1,0 g Anis, gemahlen
- 1,0 g Zimt, gemahlen
- 50 g Rosinen
- 25 g Süße Mandeln, fein gehackt
- 4 Spritzer Maggiwürze

Herstellung

Die in Scheiben geschnittene Leber und das Fasanenfleisch zweimal durch die 2mm - Scheibe und den Schweinerückenspeck einmal durch die 4mm - Scheibe des Wolfes lassen.
Die Gewürze und Zutaten zugeben, alles gut miteinander vermengen und die Masse in Rindermitteldärme füllen.
Die einzeln und in der gewünschten Länge abgebundenen Leberwürste für 10 Minuten ins kochende Wasser geben und dann 45 - 90 Minuten in 80°C heißem Wasser fertig garen.
Dabei rechnet man je Millimeter Darmdurchmesser eine Minute Garzeit.
Damit sich das Fett gut verteilt und die Würste eine schöne pralle Form erhalten, sollte man sie während des Garens mehrfach im Kessel wenden.
Danach werden sie zuerst in lauwarmes Wasser gelegt und dann unter Zugabe von kaltem Wasser abgekühlt.
Anschließend hängt man die Fasanenleberwürste mit Rosinen ca. 12 Stunden zum Trocknen in einen kühlen, luftigen Raum.
Nach dem Trocknen werden sie 3 - 4 Stunden bei einer Temperatur von 20°C kalt geräuchert.

LAMMLEBERWURST MIT PREISELBEEREN

Material für 2,5 kg Lammleberwurst

- 1,1 kg Lammschulter ohne Knochen, vorgegart
- 0,9 kg Schweinerückenspeck, vorgegart
- 0,3 kg Lammleber, roh
- 0,2 kg Schweineleber, roh

Gewürze und Zutaten

- 55 g Salz
- 5,0 g weißer Pfeffer, gemahlen
- 5,0 g Rohrzucker
- 50 g Preiselbeeren
- 2 cl Cognac

Herstellung

Die in Scheiben geschnittene Lamm- und Schweineleber durch die 2mm - Scheibe und das in Stücke geschnittene restliche Material nacheinander durch die 3mm - Scheibe des Wolfes lassen.
Die Gewürze und Zutaten zugeben, alles gut miteinander vermengen, vorsichtig die Preiselbeeren unterheben und die Masse in Rindermitteldärme füllen.
Die einzeln und in der gewünschten Länge abgebundenen Leberwürste für 10 Minuten ins kochende Wasser geben und dann 45 - 90 Minuten in 80°C heißem Wasser fertig garen.
Dabei rechnet man je Millimeter Darmdurchmesser eine Minute Garzeit.
Damit sich das Fett gut verteilt und die Würste eine schöne pralle Form erhalten, sollte man sie während des Garens mehrfach im Kessel wenden.
Danach werden sie zuerst in lauwarmes Wasser gelegt und dann unter Zugabe von kaltem Wasser abgekühlt.
Anschließend hängt man die Lammleberwürste mit Preiselbeeren ca. 12 Stunden zum Trocknen in einen kühlen, luftigen Raum.
Nach dem Trocknen werden sie 3 - 4 Stunden bei einer Temperatur von 20°C kalt geräuchert.

FEINE SCHAFSLEBERWURST MIT SCHALOTTEN

Material für 2,5 kg Feine Schafsleberwurst

- 1,0 kg Schafsschulter ohne Knochen, vorgegart
- 1,0 kg fetter Schweinebauch, vorgegart
- 0,3 kg Schafsleber, roh
- 0,2 kg Schweineleber, roh

Gewürze und Zutaten

- 55 g Salz
- 5,0 g weißer Pfeffer, gemahlen
- 1,5 g Kardamom, gemahlen
- 1,5 g Macis, gemahlen
- 1,0 g Ingwer, gemahlen
- 75 g Schalotten, geschmort

Herstellung

Die in Scheiben geschnittene Leber zusammen mit den geschmorten Schalotten zweimal und das in Stücke geschnittene restliche Material einmal durch die 2mm - Scheibe des Wolfes lassen.
Die Gewürze und Zutaten zugeben, alles gut miteinander vermengen und die Masse in Rindermitteldärme füllen.
Die einzeln und in der gewünschten Länge abgebundenen Leberwürste für 10 Minuten ins kochende Wasser geben und dann 45 - 90 Minuten in 80°C heißem Wasser fertig garen.
Dabei rechnet man je Millimeter Darmdurchmesser eine Minute Garzeit.
Damit sich das Fett gut verteilt und die Würste eine schöne pralle Form erhalten, sollte man sie während des Garens mehrfach im Kessel wenden.
Danach werden sie zuerst in lauwarmes Wasser gelegt und dann unter Zugabe von kaltem Wasser abgekühlt.
Anschließend hängt man die Feinen Schafsleberwürste mit Schalotten ca. 12 Stunden zum Trocknen in einen kühlen, luftigen Raum und räuchert sie dann bei einer Temperatur von 20°C kalt.
Die Räucherdauer beträgt, je nach Geschmack, 4 - 8 Stunden.

GROBE SCHAFSLEBERWURST MIT SCHNITTLAUCH

Material für 2,5 kg Grobe Schafsleberwurst

- 1,0 kg Schafskeule ohne Knochen, vorgegart
- 1,0 kg fetter Schweinebauch, vorgegart
- 0,3 kg Schafsleber, roh
- 0,2 kg Schweineleber, roh

Gewürze und Zutaten

- 55 g Salz
- 5,0 g weißer Pfeffer, gemahlen
- 4,0 g Knoblauchpulver
- 1,5 g Macis, gemahlen
- 1 Bund frischer Schnittlauch

Herstellung

Die in Scheiben geschnittene Leber durch die 2mm - Scheibe, das in Stücke geschnittene Schafsfleisch durch die 3mm - Scheibe und den ebenfalls in Stücke geschnittenen Schweinebauch durch die 4mm - Scheibe des Wolfes lassen.
Den Schnittlauch in dünne Röllchen schneiden und mit den restlichen Gewürzen und Zutaten zum gewolften Material geben.
Alles gut miteinander vermengen und die Masse in Rindermitteldärme füllen.
Die einzeln und in der gewünschten Länge abgebundenen Leberwürste für 10 Minuten ins kochende Wasser geben und dann 45 - 90 Minuten in 80°C heißem Wasser fertig garen.
Dabei rechnet man je Millimeter Darmdurchmesser eine Minute Garzeit.
Damit sich das Fett gut verteilt und die Würste eine schöne pralle Form erhalten, sollte man sie während des Garens mehrfach im Kessel wenden.
Danach werden sie zuerst in lauwarmes Wasser gelegt und dann unter Zugabe von kaltem Wasser abgekühlt.
Anschließend hängt man die Groben Schafsleberwürste mit Schnittlauch ca. 12 Stunden zum Trocknen in einen kühlen, luftigen Raum und räuchert sie dann bei einer Temperatur von 20°C kalt.
Die Räucherdauer beträgt, je nach Geschmack, 4 - 8 Stunden.

APFEL - ZIEGENLEBERWURST

Material für 2,5 kg Apfel - Ziegenleberwurst

- 0,8 kg Ziegenkeule ohne Knochen, vorgegart
- 0,8 kg Schweinebacken, vorgegart
- 0,5 kg Schweineleber, roh
- 0,4 kg Schweinenacken, vorgegart

Gewürze und Zutaten

- 55 g Salz
- 7,5 g weißer Pfeffer, gemahlen
- 1,5 g Macis, gemahlen
- 4,0 g Zimt, gemahlen
- 60 g süßer Apfel

Herstellung

Die in Scheiben geschnittene Leber ganz kurz mit kochendem Wasser übergießen und nach dem Abkühlen durch die 3mm - Scheibe des Wolfes lassen.
Das in Stücke geschnittene restliche Material durch die 2mm - Scheibe wolfen.
Den Apfel klein schneiden und mit den anderen Gewürzen und Zutaten zum gewolften Material geben.
Alles gut miteinander vermengen und die Masse in Rinderkranzdärme füllen.
Die einzeln und in der gewünschten Länge abgebundenen Leberwurstringe für 10 Minuten ins kochende Wasser geben und dann 45 - 60 Minuten in 80°C heißem Wasser fertig garen.
Dabei rechnet man je Millimeter Darmdurchmesser eine Minute Garzeit.
Damit sich das Fett gut verteilt und die Würste eine schöne pralle Form erhalten, sollte man sie während des Garens mehrfach im Kessel wenden.
Danach werden sie zuerst in lauwarmes Wasser gelegt und dann unter Zugabe von kaltem Wasser abgekühlt.
Anschließend hängt man die Apfel - Ziegenleberwürste ca. 12 Stunden zum Trocknen in einen kühlen, luftigen Raum und räuchert sie dann bei einer Temperatur von 20°C kalt.
Die Räucherdauer beträgt, je nach Geschmack, 4 - 8 Stunden.

HIRSCHLEBERWURST MIT PFIFFERLINGEN

Material für 2,5 kg Hirschleberwurst

- 1,1 kg Hirschschulter ohne Knochen, vorgegart
- 0,9 kg Schweinerückenspeck, vorgegart
- 0,5 kg Schweineleber, roh

Gewürze und Zutaten

- 55 g Salz
- 7,5 g Pfeffer, gemahlen
- 2,0 g Majoran, gerebelt
- 1,5 g Ingwer, gemahlen
- 60 g Pfifferlinge, klein gehackt

Herstellung

Die in Scheiben geschnittene Leber durch die 2mm - Scheibe und das in Stücke geschnittene restliche Material nacheinander durch die 4mm - Scheibe des Wolfes lassen.
Dann die Gewürze und Zutaten zugeben, alles gut miteinander vermengen und die Masse in Schweinekrausen füllen.
Die einzeln und in der gewünschten Länge abgebundenen Leberwürste für 10 Minuten ins kochende Wasser geben und dann 45 - 90 Minuten in 80°C heißem Wasser fertig garen.
Dabei rechnet man je Millimeter Darmdurchmesser eine Minute Garzeit.
Damit sich das Fett gut verteilt und die Würste eine schöne pralle Form erhalten, sollte man sie während des Garens mehrfach im Kessel wenden.
Danach werden sie zuerst in lauwarmes Wasser gelegt und dann unter Zugabe von kaltem Wasser abgekühlt.
Anschließend hängt man die Hirschleberwürste mit Pfifferlingen ca. 12 Stunden zum Trocknen in einen kühlen, luftigen Raum und räuchert sie dann bei einer Temperatur von 20°C kalt.
Die Räucherdauer beträgt, je nach Geschmack, 4 - 8 Stunden.

WILDLEBERWURST MIT SARDELLEN

Material für 2,5 kg Wildleberwurst

- 0,9 kg fetter Schweinebauch, vorgegart
- 0,8 kg Wildschweinkeule ohne Knochen, vorgegart
- 0,4 kg Hirschschulter ohne Knochen, vorgegart
- 0,4 kg Schweineleber, roh

Gewürze und Zutaten

- 40 g Salz
- 5,0 g Pfeffer, gemahlen
- 4,0 g Zwiebelpulver
- 1,5 g Koriander, gemahlen
- 30 g Sardellen, klein gehackt
- ½ Teelöffel Akazienhonig

Herstellung

Die in Scheiben geschnittene Leber einmal und das in Stücke geschnittene restliche Material nacheinander zweimal durch die 2mm - Scheibe des Wolfes lassen.
Dann die Gewürze und Zutaten zugeben, alles gut miteinander vermengen und die Masse in Rinderkranzdärme füllen.
Die einzeln und in der gewünschten Länge abgebundenen Leberwurstringe für 10 Minuten ins kochende Wasser geben und dann 45 - 60 Minuten in 80°C heißem Wasser fertig garen.
Dabei rechnet man je Millimeter Darmdurchmesser eine Minute Garzeit.
Damit sich das Fett gut verteilt und die Würste eine schöne pralle Form erhalten, sollte man sie während des Garens mehrfach im Kessel wenden.
Danach werden sie zuerst in lauwarmes Wasser gelegt und dann unter Zugabe von kaltem Wasser abgekühlt.
Anschließend hängt man die Wildleberwürste mit Sardellen ca. 12 Stunden zum Trocknen in einen kühlen, luftigen Raum.
Nach dem Trocknen werden sie 3 - 4 Stunden bei einer Temperatur von 20°C kalt geräuchert.

WILDKANINCHENLEBERWURST

Material für 2,5 kg Wildkaninchenleberwurst

- 1,2 kg Wildkaninchenfleisch, vorgegart
- 0,8 kg fetter Schweinebauch, vorgegart
- 0,5 kg Schweineleber, roh

Gewürze und Zutaten

- 55 g Salz
- 5,0 g Pfeffer, gemahlen
- 4,0 g Majoran, gerebelt
- 1,5 g Ingwer, gemahlen
- 1,5 g Nelken, gemahlen
- 30 g Zwiebeln, geschmort

Herstellung

Die in Scheiben geschnittene Leber zusammen mit den geschmorten Zwiebeln durch die 2mm - Scheibe und das in Stücke geschnittene restliche Material nacheinander durch die 4mm - Scheibe des Wolfes lassen.
Dann die Gewürze und Zutaten zugeben, alles gut miteinander vermengen und die Masse in Schweinekrausen füllen.
Die einzeln und in der gewünschten Länge abgebundenen Leberwürste für 10 Minuten ins kochende Wasser geben und dann 45 - 90 Minuten in 80°C heißem Wasser fertig garen.
Dabei rechnet man je Millimeter Darmdurchmesser eine Minute Garzeit.
Damit sich das Fett gut verteilt und die Würste eine schöne pralle Form erhalten, sollte man sie während des Garens mehrfach im Kessel wenden.
Danach werden sie zuerst in lauwarmes Wasser gelegt und dann unter Zugabe von kaltem Wasser abgekühlt.
Anschließend hängt man die Wildkaninchenleberwürste ca. 12 Stunden zum Trocknen in einen kühlen, luftigen Raum.
Nach dem Trocknen werden sie 3 - 4 Stunden bei einer Temperatur von 20°C kalt geräuchert.

BLUTWÜRSTE

HERSTELLUNG VON BLUTWÜRSTEN

Die Grundlage für die Herstellung von Blutwürsten ist eine Masse aus Blut und Schwarten. Um eine geschmeidigere Konsistenz zu erreichen wird oftmals auch noch etwas Kesselbrühe zugegeben.

Zur Herstellung einiger Blutwurstsorten ist die Zugabe von Grütze, Grieben oder Semmeln erforderlich.

Als Einlagen werden Magerfleisch, Speck, Schweinezungen und zerkleinerte Innereien verwendet.

Bei der Blutwurstherstellung ist unbedingt darauf zu achten, dass das Blut und die Schwarten so frisch wie möglich verarbeitet werden, da sie sehr schnell verderben.

VORBEHANDLUNG DES BLUTES

Zur Blutwurstherstellung wird immer Schweineblut verwendet, da Rinderblut wegen seiner sehr dunklen Farbe ungeeignet ist.

Damit sich der Geschmack des Blutes nicht nachteilig verändert, sollte man es immer frisch und ungesalzen verarbeiten.

Um das Gerinnen von schlachtfrischem Blut zu verhindern, muss es ab dem Zeitpunkt der Blutentziehung bis zu seiner Weiterverwendung kontinuierlich gerührt werden.

Bei zugekauftem Blut ist darauf zu achten, dass es vor seiner Verarbeitung etwas angewärmt und dadurch dickflüssiger wird.

Dies ermöglicht ein einfacheres Füllen in die entsprechenden Wursthüllen und verhindert die Entmischung der einzelnen Bestandteile.

VORBEREITUNG DES MAGERFLEISCHES

Das als Einlage für verschiedene Blutwurstsorten verwendete Magerfleisch sollte vorgepökelt werden. Dadurch verliert es während des Garens weniger an Gewicht und das Schnittbild der fertigen Wurst ist durch die tiefrote Farbe intensiver.

Vor seiner Verarbeitung muss das Fleisch gut vorgegart sein.

Dafür wird es erst 5 Minuten gekocht und dann bei einer Kesseltemperatur von ca. 90°C so lange weiter gegart, bis eine Kerntemperatur von 65°C erreicht ist.

Anschließend schneidet man es dann in kleinere Stücke oder Würfel.

BLUTWÜRSTE

VORBEREITUNG VON SCHWARTEN UND SPECK

Die zuvor gründlich entfetteten Schwarten müssen so lange bei einer Kesseltemperatur von ca. 80°C garen, bis sie sich zwischen Daumen und Zeigefinger gerade so durchdrücken lassen.

Sie dürfen auf keinen Fall zu weich gekocht werden, da sie dann ihre Bindefähigkeit für die Wurst verlieren.

Der Speck wird in kleinere Würfel geschnitten und dann ganz kurz im Kochkessel abgebrüht.

Alternativ kann man die Speckwürfel auch in ein Sieb geben und so oft mit kochendem Wasser übergießen, bis das schmalzige Oberflächenfett abgespült ist.

VERWENDUNG VON SCHWEINEZUNGEN UND INNEREIEN

Die zuvor gepökelten Schweinezungen werden bis zu einer Kerntemperatur von 75°C im ca. 80°C heißen Wasser des Kochkessels gegart.

Anschließend entfernt man die Schleimhäute von den noch heißen Zungen, schneidet sie dann entweder in größere Würfel oder „steckt" sie im Ganzen in die Blutwurstmasse. Innereien verarbeitet man im rohen Zustand!

WOLFEN UND ABFÜLLEN

Die vorgegarten Schwarten werden noch warm durch den Wolf gelassen und dann sofort mit dem zerkleinerten Magerfleisch und den Speckwürfeln vermengt.

Anschließend gibt man das Schweineblut hinzu, würzt die Wurstmasse entsprechend den Rezeptangaben und vermischt alles gut miteinander.

Gefüllt wird die Blutwurstmasse in Rinderkranzdärme, Krausedärme vom Schwein (Schweinekrausen), Schweinebutten oder Schweineblasen.

Das Füllen darf nicht zu fest geschehen, da sich Naturdärme während des Kochens stark zusammen ziehen.

Zu prall gefüllte Würste können dann leicht platzen!

Nach dem Füllen bindet man einzelne Würste oder Wurstringe in der gewünschten Länge ab, die dann sofort ins kochende Wasser des Kessels gegeben werden müssen.

Dadurch schließen sich die Darmporen und kein wertvoller Wurstsaft gelangt in die Kesselbrühe.

BLUTWÜRSTE

GAREN DER BLUTWÜRSTE

Nachdem die Blutwürste 10 Minuten gekocht wurden, senkt man die Kesseltemperatur durch Zugabe von etwas kaltem Wasser auf 90°C ab und lässt sie unter Beibehaltung dieser Temperatur fertig garen.

Damit sich das Fett gut verteilt und die Würste eine schöne pralle Form erhalten, sollte man sie während des Garens mehrfach im Kessel wenden.

Die Gardauer richtet sich dabei nach dem Durchmesser (Kaliber) der verwendeten Därme und beträgt je Millimeter ca. eine Minute Garzeit.

Bei dickeren Würsten mit ungleichmäßigem Kaliber kann auch durch den sogenannten „Nadeltest" kontrolliert werden, ob sie gar sind.

Dabei sticht man mit einer sehr dünnen Nadel bis in die Wurstmitte um festzustellen, ob das Blut auch in den innersten Schichten geronnnen ist.

Tritt nach dem Hineinstechen klares Fett heraus, können die Würste aus dem Kessel genommen werden.

Hat der austretende Wurstsaft eine blutige Farbe, müssen sie noch weiter garen.

KÜHLEN, TROCKNEN UND RÄUCHERN

Nach dem Kochen werden die Blutwürste aus dem Kessel genommen und zum Abkühlen kurz durch sehr kaltes Wasser gezogen.

Am besten dafür eignet sich Eiswasser.

Anschließend hängt man die Blutwürste ca. 6 - 8 Stunden zum Trocknen in einen kühlen, luftigen Raum und räuchert sie dann einige Stunden kalt.

Einige Blutwurstsorten werden auch nur getrocknet und dann ungeräuchert verzehrt.

Alles Wissenswerte zu den Räucherarten und zum Räuchervorgang wird im Kapital Schinkenherstellung auf den Seiten 194 - 199 erklärt.

Das vorgegarte Material klein würfeln…

…und die noch warmen Schwarten wolfen.

Das gesamte Material würzen…

...und mit dem Schweineblut vermischen.

Die Blutwurstmasse in Därme füllen...

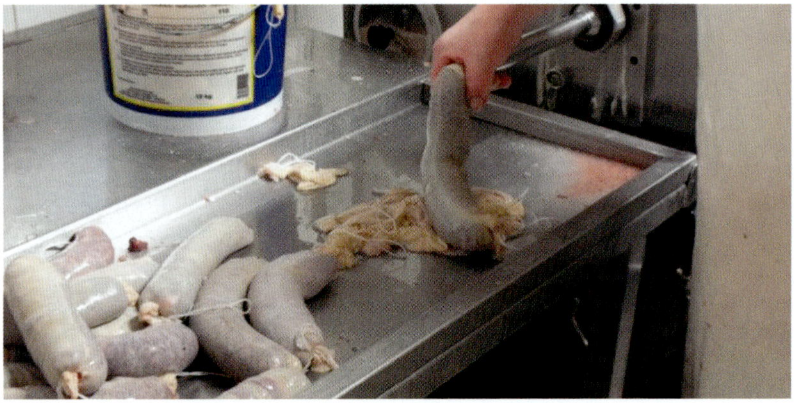

...und einzelne Würste abbinden.

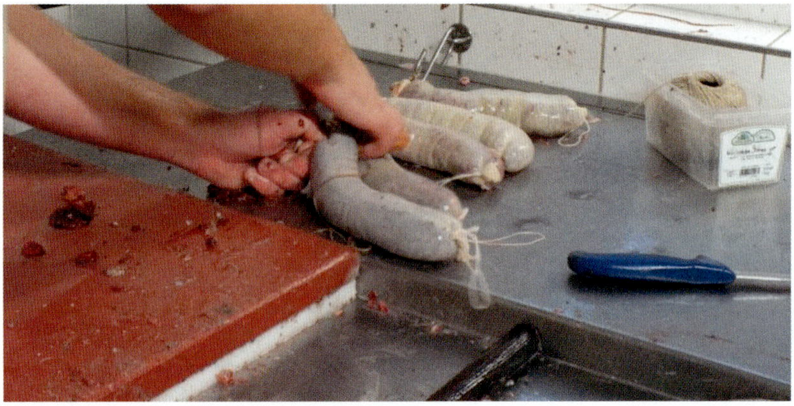

Die abgebundenen Blutwürste…

…im Kochkessel fertig garen

…und nach dem Trocknen kalt räuchern.

HAUSMACHER FLEISCHROTWURST

Material für 2,5 kg Hausmacher Fleischrotwurst

- 1,7 kg Schweinenacken, gepökelt
- 0,2 kg Schweineleber, roh
- 0,2 kg Schwarten
- 0,4 L Schweineblut

Gewürze und Zutaten

- 35 g Salz
- 5,0 g weißer Pfeffer, gemahlen
- 2,5 g Piment, gemahlen
- 2,5 g Majoran, gerebelt
- 1,5 g Kümmel, gemahlen
- 1,0 g Nelken, gemahlen

Herstellung

Den Schweinenacken in 90°C heißem Wasser bis zu einer Kerntemperatur von 65°C garen und in 1cm große Würfel schneiden.
Die mittelweich vorgegarten und noch warmen Schwarten zusammen mit der rohen Leber durch die 2mm - Scheibe des Wolfes lassen und mit den Nackenwürfeln vermengen.
Das frische oder vorher etwas angewärmte Schweineblut sowie die Gewürze und Zutaten zugeben, die Masse gut miteinander vermischen und in Schweinekrausen füllen.
Die einzeln und in der gewünschten Länge abgebundenen Fleischrotwürste für 10 Minuten ins kochende Wasser geben und dann 45 - 90 Minuten in 80°C heißem Wasser fertig garen.
Dabei rechnet man je Millimeter Darmdurchmesser eine Minute Garzeit.
Die Würste sind gar, wenn beim Hineinstechen mit einer dünnen Nadel klare Flüssigkeit und kein Blut mehr heraustritt.
Anschließend kühlt man die Hausmacher Fleischrotwürste kurz in sehr kaltem Wasser ab und hängt sie dann ca. 6 - 8 Stunden zum Trocknen in einen kühlen, luftigen Raum.
Nach dem Trocknen werden sie 4 - 6 Stunden bei einer Temperatur von 20°C kalt geräuchert.

BLUTWURST NACH HAUSMACHER ART

Material für 2,5 kg Blutwürste

- 1,2 kg Schweinerückenspeck
- 0,7 kg Schweineschulter ohne Knochen, gepökelt
- 0,25 kg Schwarten
- 0,35 L Schweineblut

Gewürze und Zutaten

- 35 g Nitritpökelsalz
- 7,5 g weißer Pfeffer, gemahlen
- 2,5 g Majoran, gerebelt
- 1,0 g Muskat, gemahlen
- 1,0 g Nelken, gemahlen
- 50 g Zwiebeln, geschmort

Herstellung

Die Schweineschulter in 90°C heißem Wasser bis zu einer Kerntemperatur von 65°C garen und in 1cm große Würfel schneiden.
Den Speck ebenfalls in 1cm große Würfel schneiden und kurz abbrühen.
Die mittelweich vorgegarten und noch warmen Schwarten zusammen mit den Zwiebeln durch die 2mm - Scheibe des Wolfes lassen und mit den Schulter- und Speckwürfeln vermengen.
Das frische oder vorher etwas angewärmte Schweineblut sowie die Gewürze und Zutaten zugeben, die Masse gut miteinander vermischen und in Rinderkranzdärme füllen.
Die einzeln und in der gewünschten Länge abgebundenen Blutwurstringe für 10 Minuten ins kochende Wasser geben und dann 45 - 60 Minuten in 80°C heißem Wasser fertig garen.
Dabei rechnet man je Millimeter Darmdurchmesser eine Minute Garzeit.
Die Würste sind gar, wenn beim Hineinstechen mit einer dünnen Nadel klare Flüssigkeit und kein Blut mehr heraustritt.
Anschließend kühlt man die Blutwürste nach Hausmacher Art kurz in sehr kaltem Wasser ab, hängt sie dann ca. 6 - 8 Stunden zum Trocknen in einen kühlen, luftigen Raum und räuchert sie danach 4 - 6 Stunden bei einer Temperatur von 20°C kalt.

THÜRINGER ROTWURST

Material für 2,5 kg Thüringer Rotwurst

- 1,1 kg Schweineschulter ohne Knochen, gepökelt
- 0,5 kg Schweinerückenspeck
- 0,4 kg Schwarten
- 0,15 kg Schweineleber, roh
- 0,35 L Schweineblut

Gewürze und Zutaten

- 35 g Salz
- 7,5 g Pfeffer, gemahlen
- 4,0 g Kümmel, gemahlen
- 4,0 g Majoran, gerebelt
- 2,0 g Piment, gemahlen
- 1,5 g Macis, gemahlen
- 1,0 g Nelken, gemahlen

Herstellung

Die Schweineschulter in 90°C heißem Wasser bis zu einer Kerntemperatur von 65°C garen und in 1cm große Würfel schneiden.
Den Speck ebenfalls in 1cm große Würfel schneiden und kurz abbrühen.
Die mittelweich vorgegarten und noch warmen Schwarten zusammen mit der rohen Leber durch die 2mm - Scheibe des Wolfes lassen und mit den Schulter- und Speckwürfeln vermengen.
Das frische oder vorher etwas angewärmte Schweineblut sowie die Gewürze und Zutaten zugeben, die Masse gut miteinander vermischen und in Schweinekrausen füllen. Die einzeln und in der gewünschten Länge abgebundenen Rotwürste für 10 Minuten ins kochende Wasser geben und dann 45 - 90 Minuten in 80°C heißem Wasser fertig garen.
Dabei rechnet man je Millimeter Darmdurchmesser eine Minute Garzeit.
Die Würste sind gar, wenn beim Hineinstechen mit einer dünnen Nadel klare Flüssigkeit und kein Blut mehr heraustritt.
Anschließend kühlt man die Thüringer Rotwürste kurz in sehr kaltem Wasser ab und hängt sie ca. 6 - 8 Stunden zum Trocknen in einen kühlen, luftigen Raum.
Nach dem Trocknen werden sie 6 - 8 Stunden bei einer Temperatur von 20°C kalt geräuchert.

SCHINKENROTWURST

Material für 2,5 kg Schinkenrotwurst

- 1,1 kg Schweineoberschale, gepökelt
- 0,5 kg Schweinerückenspeck
- 0,35 kg Schwarten
- 0,15 kg Schweineleber, roh
- 0,4 L Schweineblut

Gewürze und Zutaten

- 35 g Salz
- 7,5 g Pfeffer, gemahlen
- 2,5 g Majoran, gerebelt
- 2,0 g Ingwer, gemahlen
- 1,5 g Thymian, gerebelt
- 1,5 g Kardamom, gemahlen
- 1,0 g Piment, gemahlen

Herstellung

Die Schweineoberschale in 90°C heißem Wasser bis zu einer Kerntemperatur von 65°C garen und in 2cm große Würfel schneiden.
Den Speck in 1cm große Würfel schneiden und kurz abbrühen.
Die mittelweich vorgegarten und noch warmen Schwarten zusammen mit der rohen Leber durch die 2mm - Scheibe des Wolfes lassen und mit den Oberschalen- und Speckwürfeln vermengen.
Das frische oder vorher etwas angewärmte Schweineblut sowie die Gewürze und Zutaten zugeben, die Masse gut miteinander vermischen und in Schweinebutten füllen.
Die einzeln und in der gewünschten Länge abgebundenen Schinkenrotwürste für 10 Minuten ins kochende Wasser geben und dann 45 - 90 Minuten in 80°C heißem Wasser fertig garen.
Dabei rechnet man je Millimeter Darmdurchmesser eine Minute Garzeit.
Die Würste sind gar, wenn beim Hineinstechen mit einer dünnen Nadel klare Flüssigkeit und kein Blut mehr heraustritt.
Anschließend kühlt man die Schinkenrotwürste kurz in sehr kaltem Wasser ab, hängt sie dann ca. 6 - 8 Stunden zum Trocknen in einen kühlen, luftigen Raum und räuchert sie danach 4 - 6 Stunden bei einer Temperatur von 20°C kalt.

KÜMMELROTWURST

Material für 2,5 kg Kümmelrotwurst

- 1,0 kg Schweineoberschale, gepökelt
- 0,8 kg Schweinerückenspeck
- 0,3 kg Schwarten
- 0,3 L Schweineblut
- 0,1 L Kesselbrühe

Gewürze und Zutaten

- 35 g Nitritpökelsalz
- 7,0 g Pfeffer, gemahlen
- 5,0 g Kümmel, ganz
- 1,5 g Thymian, gerebelt
- 1,5 g Muskat, gemahlen
- 1,0 g Ingwer, gemahlen

Herstellung

Das Schweineoberschale in 90°C heißem Wasser bis zu einer Kerntemperatur von 65°C garen und in 1cm große Würfel schneiden.
Den Speck ebenfalls in 1cm große Würfel schneiden und kurz abbrühen.
Die mittelweich vorgegarten und noch warmen Schwarten durch die 2mm - Scheibe des Wolfes lassen und mit den Schweineoberschalen- und Speckwürfeln vermengen.
Das frische oder vorher etwas angewärmte Schweineblut, die Kesselbrühe sowie die Gewürze und Zutaten zugeben, die Masse gut miteinander vermischen und in Schweineblasen füllen.
Die abgebundenen Kümmelrotwürste für 10 Minuten ins kochende Wasser geben und dann 90 - 120 Minuten in 80°C heißem Wasser fertig garen.
Dabei rechnet man je Millimeter Blasendurchmesser eine Minute Garzeit.
Die Würste sind gar, wenn beim Hineinstechen mit einer dünnen Nadel klare Flüssigkeit und kein Blut mehr heraustritt.
Anschließend kühlt man die Kümmelrotwürste kurz in sehr kaltem Wasser ab, hängt sie dann ca. 6 - 8 Stunden zum Trocknen in einen kühlen, luftigen Raum und räuchert sie danach 8 - 10 Stunden bei einer Temperatur von 20°C kalt.

ZUNGENWURST

Material für 2,5 kg Zungenwurst

- 1,0 kg Schweinerückenspeck
- 0,8 kg Schweinezungen, gepökelt
- 0,3 kg Schwarten
- 0,3 L Schweineblut
- 0,1 L Kesselbrühe

Gewürze und Zutaten

- 35 g Nitritpökelsalz
- 5,0 g Pfeffer, gemahlen
- 2,5 g Majoran, gerebelt
- 1,0 g Piment, gemahlen
- 1,0 g Nelken, gemahlen
- 50 g Zwiebeln, geschmort

Herstellung

Die Zungen in 80°C heißem Wasser bis zu einer Kerntemperatur von 65°C garen, von der äußeren Haut befreien und in 1,5cm große Würfel schneiden.
Den Speck in 1cm große Würfel schneiden und kurz abbrühen.
Die mittelweich vorgegarten und noch warmen Schwarten zusammen mit den Zwiebeln durch die 2mm - Scheibe des Wolfes lassen und mit den Zungen- und Speckwürfeln vermengen.
Das frische oder vorher etwas angewärmte Schweineblut, die Kesselbrühe sowie die Gewürze und Zutaten zugeben, die Masse gut miteinander vermischen und in Schweineblasen füllen.
Die abgebundenen Zungenwürste für 10 Minuten ins kochende Wasser geben und dann 90 - 120 Minuten in 80°C heißem Wasser fertig garen.
Dabei rechnet man je Millimeter Blasendurchmesser eine Minute Garzeit.
Die Würste sind gar, wenn beim Hineinstechen mit einer dünnen Nadel klare Flüssigkeit und kein Blut mehr heraustritt.
Anschließend kühlt man die Zungenwürste kurz in sehr kaltem Wasser ab, hängt sie dann ca. 6 - 8 Stunden zum Trocknen in einen kühlen, luftigen Raum und räuchert sie danach 8 - 10 Stunden bei einer Temperatur von 20°C kalt.

KÖLNER PRESSSACK

Material für 2,5 kg Kölner Presssack

- 1,0 kg Schweineschulter ohne Knochen, gepökelt
- 0,8 kg Schweinerückenspeck
- 0,3 kg Schwarten
- 0,4 L Schweineblut

Gewürze und Zutaten

- 35 g Salz
- 6,0 g Pfeffer, gemahlen
- 2,0 g Majoran, gerebelt
- 2,0 g Muskat, gemahlen
- 1,5 g Piment, gemahlen
- 1,0 g Zimt, gemahlen
- 50 g Zwiebeln, geschmort

Herstellung

Die Schweineschulter in 90°C heißem Wasser bis zu einer Kerntemperatur von 65°C garen und in 1cm große Würfel schneiden.
Den Speck ebenfalls in 1cm große Würfel schneiden und kurz abbrühen.
Die mittelweich vorgegarten und noch warmen Schwarten zusammen mit den Zwiebeln durch die 2mm - Scheibe des Wolfes lassen und mit den Schweineschulter- und Speckwürfeln vermengen.
Das frische oder vorher etwas angewärmte Schweineblut sowie die Gewürze und Zutaten zugeben, die Masse gut miteinander vermischen und in Schweineblasen füllen.
Die abgebundenen Presssäcke für 10 Minuten ins kochende Wasser geben und dann, je nach Dicke, 90 - 120 Minuten in 80°C heißem Wasser fertig garen.
Dabei rechnet man je Millimeter Blasendurchmesser eine Minute Garzeit.
Die Würste sind gar, wenn beim Hineinstechen mit einer dünnen Nadel klare Flüssigkeit und kein Blut mehr heraustritt.
Anschließend kühlt man die Kölner Presssäcke kurz in sehr kaltem Wasser ab, legt sie dann zum kompletten Auskühlen auf eine angefeuchtete Tischplatte und presst sie dabei etwas mit Hilfe eines beschwerten Kunststoffbrettes
Kölner Presssäcke werden frisch, also ungeräuchert, verzehrt.

BERLINER PRESSWURST

Material für 2,5 kg Berliner Presswurst

- 0,8 kg Rinderschulter ohne Knochen, gepökelt
- 0,7 kg Schweinerückenspeck
- 0,3 kg Schwarten
- 0,2 kg Rinderherz
- 0,5 L Schweineblut

Gewürze und Zutaten

- 35 g Salz
- 7,5 g weißer Pfeffer, gemahlen
- 2,5 g Majoran, gerebelt
- 2,0 g Kümmel, gemahlen
- 1,0 g Nelken, gemahlen
- 50 g Zwiebeln, geschmort

Herstellung

Die Rinderschulter in 90°C heißem Wasser bis zu einer Kerntemperatur von 65°C garen und in 2cm große Würfel schneiden.
Den Speck in 1cm große Würfel schneiden und kurz abbrühen.
Die mittelweich vorgegarten und noch warmen Schwarten zusammen mit dem Rinderherz sowie den Zwiebeln durch die 2mm - Scheibe des Wolfes lassen und mit den Rinderschulter- und Speckwürfeln vermengen.
Das frische oder vorher etwas angewärmte Schweineblut sowie die Gewürze und Zutaten zugeben, die Masse gut miteinander vermischen und in Schweinemägen füllen
Die abgebundenen Presswürste für 10 Minuten ins kochende Wasser geben und dann, je nach Dicke, 120 - 150 Minuten in 80°C heißem Wasser fertig garen.
Dabei rechnet man je Millimeter Magendurchmesser eine Minute Garzeit.
Die Würste sind gar, wenn beim Hineinstechen mit einer dünnen Nadel klare Flüssigkeit und kein Blut mehr heraustritt.
Anschließend kühlt man die Berliner Presswürste kurz in sehr kaltem Wasser ab, legt sie dann zum kompletten Auskühlen auf eine angefeuchtete Tischplatte und presst sie dabei etwas mit Hilfe eines beschwerten Kunststoffbrettes
Berliner Presswürste werden frisch, also ungeräuchert, verzehrt.

GRÜTZWURST

Material für 2,5 kg Grützwurst

- 0,5 kg Buchweizengrütze
- 0,4 kg Schwarten
- 0,35 kg Schweinebacken, vorgegart
- 0,25 kg Schmalzgrieben
- 1,0 L Schweineblut

Gewürze und Zutaten

- 60 g Salz
- 7,5 g Pfeffer, gemahlen
- 5,0 g Zucker
- 5,0 g Majoran, gerebelt
- 50 g Zwiebeln, geschmort

Herstellung

Die Schweinebacken in 90°C heißem Wasser bis zu einer Kerntemperatur von 65°C garen, in sehr kleine Würfel schneiden und zusammen mit den Schmalzgrieben kurz abbrühen.
Die mittelweich vorgegarten und noch warmen Schwarten zusammen mit den Zwiebeln durch die 2mm - Scheibe des Wolfes lassen.
Danach werden sie gut mit den Backenwürfeln, Grieben sowie der zuvor in etwas Schweineblut eingeweichten Buchweizengrütze vermengt.
Dann gibt man das frische oder vorher etwas angewärmte Schweineblut sowie die Gewürze dazu, vermischt die Masse gut miteinander und füllt sie in Rinderkranzdärme.
Die einzeln und in der gewünschten Länge abgebundenen Grützwurstringe anschließend für 10 Minuten ins kochende Wasser geben und dann 45 - 90 Minuten in 80°C heißem Wasser fertig garen.
Dabei rechnet man je Millimeter Darmdurchmesser eine Minute Garzeit.
Die Würste sind gar, wenn beim Hineinstechen mit einer dünnen Nadel klare Flüssigkeit und kein Blut mehr heraustritt.
Nach dem Garen kühlt man die Grützwürste kurz in sehr kaltem Wasser ab und hängt sie dann ca. 6 - 8 Stunden zum Trocknen in einen kühlen, luftigen Raum.
Grützwürste werden nicht geräuchert und vor dem Verzehr im Topf oder der Pfanne erhitzt.

BEUTELWURST

Material für 2,5 kg Beutelwurst

- 1,0 kg Schweinerückenspeck
- 0,8 kg Schweineoberschale, gepökelt
- 0,4 kg Roggenschrot
- 0,3 L Schweineblut

Gewürze und Zutaten

- 40 g Salz
- 7,5 g Pfeffer, gemahlen
- 2,5 g Piment, gemahlen
- 1,5 g Majoran, gerebelt
- 1,0 g Thymian, gerebelt
- 1,0 g Nelken, gemahlen

Herstellung

Die Schweineoberschale in 90°C heißem Wasser bis zu einer Kerntemperatur von 65°C garen und nach dem Abkühlen durch die 4mm - Scheibe des Wolfes lassen.

Den Speck in 2cm große Würfel schneiden und kurz abbrühen.

Das Material dann gut mit dem Roggenschrot sowie den Gewürzen und Zutaten vermengen

Danach gibt man so viel frisches oder vorher etwas angewärmtes Schweineblut dazu, das die Masse nicht zu flüssig ist und füllt sie in ca. 10cm breite und 20cm lange Leinensäckchen ab.

Da sich die Beutelwurstmasse beim Garen noch ausdehnt, dürfen die Leinensäckchen aber nicht ganz voll gefüllt werden.

Anschließend werden die Säckchen fest zugebunden, die Würste 10 Minuten ins kochende Wasser gegeben und dann ca. 90 Minuten in 90°C heißem Wasser gegart.

Beutelwürste werden vor dem Verzehr in dickere Scheiben geschnitten und in der Pfanne in heißer Butter knusprig angebraten.

BAUERNBLUTWURST MIT SCHAFFLEISCH

Material für 2,5 kg Bauernblutwurst

- 0,9 kg Schafsschulter ohne Knochen, gepökelt
- 0,7 kg magerer Schweinebauch, gepökelt
- 0,2 kg Schafsleber, roh
- 0,3 kg Schwarten
- 0,4 L Schweineblut

Gewürze und Zutaten

- 20 g Salz
- 7,5 g weißer Pfeffer, gemahlen
- 4,0 g Majoran, gerebelt
- 1,5 g Muskat, gemahlen
- 1,5 g Kümmel, gemahlen
- 60 g Zwiebeln, geschmort

Herstellung

Die Schafsschulter und den Schweinebauch in 90°C heißem Wasser bis zu einer Kerntemperatur von 65°C garen und in 1cm große Würfel schneiden.
Die mittelweich vorgegarten und noch warmen Schwarten zusammen mit der rohen Schafsleber sowie den Zwiebeln durch die 2mm - Scheibe des Wolfes lassen und mit den Schulter- und Bauchwürfeln vermengen.
Das frische oder vorher etwas angewärmte Schweineblut sowie die Gewürze und Zutaten zugeben, die Masse gut miteinander vermischen und in Schweinekrausen füllen.
Die einzeln und in der gewünschten Länge abgebundenen Bauernblutwürste für 10 Minuten ins kochende Wasser geben und dann 45 - 90 Minuten in 80°C heißem Wasser fertig garen.
Dabei rechnet man je Millimeter Darmdurchmesser eine Minute Garzeit.
Die Würste sind gar, wenn beim Hineinstechen mit einer dünnen Nadel klare Flüssigkeit und kein Blut mehr heraustritt.
Anschließend kühlt man die Bauernblutwürste mit Schaffleisch kurz in sehr kaltem Wasser ab und hängt sie dann ca. 6 - 8 Stunden zum Trocknen in einen kühlen, luftigen Raum.
Nach dem Trocknen werden sie 4 - 6 Stunden bei einer Temperatur von 20°C kalt geräuchert.

FLEISCHBLUTWURST MIT LAMMFLEISCH

Material für 2,5 kg Fleischblutwurst

- 1,5 kg Lammschulter ohne Knochen, gepökelt
- 0,2 kg Lammleber, roh
- 0,3 kg Schwarten
- 0,5 L Schweineblut

Gewürze und Zutaten

- 25 g Salz
- 6,0 g weißer Pfeffer, gemahlen
- 3,0 g Majoran, gerebelt
- 1,5 g Macis, gemahlen
- 1,5 g Piment, gemahlen
- 50 g Zwiebeln, geschmort

Herstellung

Die Lammschulter in 90°C heißem Wasser bis zu einer Kerntemperatur von 65°C garen und in 1cm große Würfel schneiden.
Die mittelweich vorgegarten und noch warmen Schwarten zusammen mit der rohen Lammleber sowie den Zwiebeln durch die 2mm - Scheibe des Wolfes lassen und mit den Schulterwürfeln vermengen.
Das frische oder vorher etwas angewärmte Schweineblut sowie die Gewürze und Zutaten zugeben, die Masse gut miteinander vermischen und in Rinderkranzdärme füllen.
Die einzeln und in der gewünschten Länge abgebundenen Fleischblutwurstringe für 10 Minuten ins kochende Wasser geben und dann 45 - 60 Minuten in 80°C heißem Wasser fertig garen.
Dabei rechnet man je Millimeter Darmdurchmesser eine Minute Garzeit.
Die Würste sind gar, wenn beim Hineinstechen mit einer dünnen Nadel klare Flüssigkeit und kein Blut mehr heraustritt.
Anschließend kühlt man die Fleischblutwürste mit Lammfleisch kurz in sehr kaltem Wasser ab und hängt sie dann ca. 6 - 8 Stunden zum Trocknen in einen kühlen, luftigen Raum.
Nach dem Trocknen werden sie 4 - 6 Stunden bei einer Temperatur von 20°C kalt geräuchert.

WILDFLEISCHROTWURST

Material für 2,5 kg Wildfleischrotwurst

- 0,7 kg Wildschweinkeule ohne Knochen, gepökelt
- 0,6 kg Schweinerückenspeck
- 0,5 kg Hirschkeule ohne Knochen, gepökelt
- 0,3 kg Schwarten
- 0,4 L Schweineblut

Gewürze und Zutaten

- 30 g Salz
- 7,5 g weißer Pfeffer, gemahlen
- 4,0 g Majoran, gerebelt
- 2,0 g Kümmel, gemahlen
- 1,0 g Macis, gemahlen
- 50 g Zwiebeln, geschmort

Herstellung

Das Wildschwein- und Hirschfleisch in 90°C heißem Wasser bis zu einer Kerntemperatur von 65°C garen und in 2cm große Würfel schneiden.
Den Speck in 1cm große Würfel schneiden und kurz abbrühen.
Die mittelweich vorgegarten und noch warmen Schwarten zusammen mit den Zwiebeln durch die 2mm - Scheibe des Wolfes lassen und mit den Hirsch-, Wildschwein- und Speckwürfeln vermengen.
Das frische oder vorher etwas angewärmte Schweineblut sowie die Gewürze und Zutaten zugeben, die Masse gut miteinander vermischen und in Schweinekrausen füllen.
Die einzeln und in der gewünschten Länge abgebundenen Wildfleischrotwürste für 10 Minuten ins kochende Wasser geben und dann 45 - 90 Minuten in 80°C heißem Wasser fertig garen.
Dabei rechnet man je Millimeter Darmdurchmesser eine Minute Garzeit.
Die Würste sind gar, wenn beim Hineinstechen mit einer dünnen Nadel klare Flüssigkeit und kein Blut mehr heraustritt.
Anschließend kühlt man die Wildfleischrotwürste kurz in sehr kaltem Wasser ab und hängt sie dann ca. 6 - 8 Stunden zum Trocknen in einen kühlen, luftigen Raum. Nach dem Trocknen werden sie 4 - 6 Stunden bei einer Temperatur von 20°C kalt geräuchert.

FRISCHE HIRSCHBLUTWURST

Material für 2,5 kg Frische Hirschblutwurst

- 1,3 kg Hirschkeule ohne Knochen, gepökelt
- 0,4 kg Schweinerückenspeck
- 0,3 kg Schwarten
- 0,5 L Schweineblut

Gewürze und Zutaten

- 35 g Nitritpökelsalalz
- 7,5 g Pfeffer, gemahlen
- 4,0 g Majoran, gerebelt
- 2,0 g Zimt, gemahlen
- 1,0 g Muskat, gemahlen
- 30 g Zwiebeln, geschmort

Herstellung

Das Hirschfleisch in 90°C heißem Wasser bis zu einer Kerntemperatur von 65°C garen und in 1cm große Würfel schneiden.
Den Rückenspeck ebenfalls in 1cm große Würfel schneiden und kurz abbrühen.
Die mittelweich vorgegarten und noch warmen Schwarten zusammen mit den Zwiebeln durch die 2mm - Scheibe des Wolfes und mit den Hirschfleisch- und Speckwürfeln vermengen.
Das frische oder vorher etwas angewärmte Schweineblut sowie die Gewürze und Zutaten zugeben, die Masse gut miteinander vermischen und in Schweinekrausen füllen.
Die einzeln und in der gewünschten Länge abgebundenen Hirschblutwürste für 10 Minuten ins kochende Wasser geben und dann 45 - 90 Minuten in 80°C heißem Wasser fertig garen.
Dabei rechnet man je Millimeter Darmdurchmesser eine Minute Garzeit.
Die Würste sind gar, wenn beim Hineinstechen mit einer dünnen Nadel klare Flüssigkeit und kein Blut mehr heraustritt.
Anschließend kühlt man die Hirschblutwürste kurz in sehr kaltem Wasser ab und hängt sie dann ca. 6 - 8 Stunden zum Trocknen in einen kühlen, luftigen Raum.
Diese Hirschblutwürste werden frisch, also ungeräuchert, verzehrt.

SÜLZWÜRSTE

SÜLZWURSTHERSTELLUNG ALLGEMEIN

Zur Sülzwurstherstellung werden Magerfleisch, Schweinebacken, Speck, Eisbeine, Kopffleisch und Schwarten verwendet.

Bei manchen Rezepten gibt man zusätzlich Innereien dazu.

Sollen die fertigen Würste ein tiefdunkles Aussehen bekommen, muss man sie vor dem Kochen in heißes Schweineblut legen.

Ihre Schnittfestigkeit erhalten Sülzwürste durch die Zugabe von Schwartenbrei, durch den die Wurstbestandteile nach dem Kochen und Abkühlen miteinander verbunden werden.

SCHWARTENBREI

Für die Herstellung des Schwartenbreis müssen die zuvor gründlich entfetteten Schwarten so lange bei einer Kesseltemperatur von ca. 80°C garen, bis sie sich zwischen Daumen und Zeigefinger gerade so durchdrücken lassen.

Sie dürfen auf keinen Fall zu weich gekocht werden, da sie dann ihre Bindefähigkeit für die Wurst verlieren.

Danach lässt man die noch warmen Schwarten durch die 2mm - Scheibe des Wolfes und vermischt sie mit Kesselbrühe.

VORBEREITUNG DES MATERIALS

Das Magerfleisch und Fett wird mild gepökelt und dann gut vorgegart.

Dafür gibt man es erst 5 Minuten ins kochende Wasser und gart es dann bei einer Kesseltemperatur von ca. 80°C so lange weiter, bis eine Kerntemperatur von 65°C erreicht ist.

Schweinekopffleisch wird mitteilweich gekocht, Leber roh verarbeitet und alle anderen Innereien bis zu einer Kerntemperatur von 65°C im ca. 80°C heißen Wasser des Kochkessels gegart.

Der Speck wird in kleinere Würfel geschnitten und dann ganz kurz im Kochkessel abgebrüht.

Alternativ kann man die Speckwürfel auch in ein Sieb geben und so oft mit kochendem Wasser übergießen, bis das schmalzige Oberflächenfett abgespült ist.

SÜLZWÜRSTE

WOLFEN UND ABFÜLLEN

Die noch warmen Schwarten werden durch die 2mm - Scheibe des Wolfes gelassen und dann mit etwas Kesselbrühe vermengt.

Das restliche Material schneidet man nach dem Abkühlen in kleinere Würfel, Streifen oder gleichmäßige Stücke und brüht diese vor der Verwendung nochmals kurz mit kochendem Wasser ab.

Dann werden die Gewürze und Zutaten zugegeben, das gesamte Material gut miteinander vermengt und die Sülzwurstmasse in Kunstdärme, Butten, Schweineblasen oder Schweinemägen abgefüllt.

Bei Naturdärmen und -hüllen darf das Füllen nicht zu fest geschehen, da sie sich während des Kochens stark zusammen ziehen und dann leicht platzen können!

KOCHEN UND KÜHLEN

Nach dem Abfüllen werden die Würste ins kochende Wasser gegeben.

Nach 10 Minuten senkt man die Kesseltemperatur durch Zugabe von etwas kaltem Wasser auf ca. 80°C ab und lässt die Sülzwürste unter Beibehaltung dieser Temperatur fertig garen.

Die Gardauer richtet sich dabei nach dem Durchmesser (Kaliber) der verwendeten Därme und beträgt je Millimeter ca. eine Minute Garzeit.

Bei der Verwendung von Naturdärmen prüft man die Würste während des Garens auf eventuell vorhandene lufthaltige Stellen und beseitigt diese durch das Einstechen mit einer sehr feinen Nadel (stupfen).

Anschließend werden die Sülzwürste aus dem Kessel genommen und zum Abkühlen auf eine angefeuchtete Tischplatte gelegt.

TROCKNEN UND RÄUCHERN

Nachdem die Würste völlig abgekühlt sind, hängt man sie ca. 6 - 8 Stunden zum Trocknen in einen kühlen und luftigen Raum.

Danach werden sie entweder frisch verzehrt oder, je nach Geschmack, bis zu 10 Stunden kalt geräuchert.

Alles Wissenswerte zu den Räucherarten und zum Räuchervorgang wird im Kapital Schinkenherstellung auf den Seiten 194 - 199 erklärt.

Das vorgegarte Fleisch und den Speck klein würfeln.

Die Schwarten mittelweich kochen…

…und durch die 2mm - Scheibe wolfen.

Das Material mit Kesselbrühe und Gewürzen vermengen.

...und z. B. in Schweineblasen

...oder in Gläser abfüllen.

THÜRINGER SÜLZE

Material für 2,5 kg Thüringer Sülze

- 1,4 kg Schweineschulter ohne Knochen, gepökelt
- 0,5 kg Schweinerückenspeck
- 0,3 kg Schwarten
- 0,3 L Kesselbrühe

Gewürze und Zutaten

- 30 g Salz
- 7,5 g Pfeffer, gemahlen
- 2,5 g Kümmel, gemahlen
- 2,5 g Ingwer, gemahlen
- 1,5 g Piment, gemahlen

Herstellung

Die Schweineschulter in 80°C heißem Wasser bis zu einer Kerntemperatur von 65°C garen, nach dem Abkühlen in 2cm große Würfel schneiden und zusammen mit dem ebenfalls in 2cm große Würfel geschnittenen Speck kurz abbrühen.
Die mittelweich vorgegarten und noch warmen Schwarten durch die 2mm - Scheibe des Wolfes lassen, mit der Kesselbrühe vermischen und zum restlichen Material geben.
Dann die Gewürze und Zutaten zufügen, die Masse gut miteinander vermengen und in Schweinebutten füllen.
Die einzeln und in der gewünschten Länge abgebundenen Thüringer Sülzen für 10 Minuten ins kochende Wasser geben und dann 45 - 90 Minuten in 80°C heißem Wasser fertig garen.
Dabei rechnet man je Millimeter Darmdurchmesser eine Minute Garzeit.
Während des Garens prüft man die Würste auf eventuell vorhandene lufthaltige Stellen und beseitigt diese durch das Einstechen mit einer sehr feinen Nadel (stupfen).
Anschließend legt man die Thüringer Sülzen zum Abkühlen auf eine angefeuchtete Tischplatte und hängt sie danach ca. 6 - 8 Stunden zum Trocknen in einen kühlen, luftigen Raum.
Nach dem Trocknen werden sie 8 -10 Stunden bei einer Temperatur von 20°C kalt geräuchert.

SÜLZPRESSSACK

Material für 2,5 kg Sülzpresssack

- 1,5 kg Schweinekopffleisch, gepökelt
- 0,5 kg Schwarten
- 0,5 L Kesselbrühe

Gewürze und Zutaten

- 30 g Salz
- 7,5 g weißer Pfeffer, gemahlen
- 5,0 g Sellerieknollenpulver
- 2,5 g geriebene Zitronenschale
- 1,5 g Macis, gemahlen
- 25 g Zwiebeln, roh

Herstellung

Das in 80°C heißem Wasser bis zu einer Kerntemperatur von 65°C gegarte Schweinekopffleisch nach dem Abkühlen in 5cm lange und 1cm breite Streifen schneiden und kurz abbrühen.

Die mittelweich vorgegarten und noch warmen Schwarten zusammen mit den Zwiebeln durch die 2mm - Scheibe des Wolfes lassen, mit der Kesselbrühe vermischen und zu den Schweinekopffleischstreifen geben.

Dann die Gewürze und Zutaten zufügen, die Masse gut miteinander vermengen und in Schweineblasen füllen.

Die abgebundenen Sülzpresssäcke für 10 Minuten ins kochende Wasser geben und dann, je nach Dicke, 90 - 120 Minuten in 80°C heißem Wasser fertig garen. Dabei rechnet man je Millimeter Blasendurchmesser eine Minute Garzeit.

Während des Garens prüft man die Würste auf eventuell vorhandene lufthaltige Stellen und beseitigt diese durch das Einstechen mit einer sehr feinen Nadel.

Anschließend legt man die Presssäcke dann zum kompletten Auskühlen auf eine angefeuchtete Tischplatte und presst sie dabei etwas mit Hilfe eines beschwerten Kunststoffbrettes.

Dadurch erhalten sie ihre typische Form und durch das zusätzliche Herauspressen von lufthaltigen Stellen eine längere Haltbarkeit.

Nachdem die Sülzpresssäcke vollständig erkaltet sind, werden sie 8 - 10 Stunden bei einer Temperatur von 20°C kalt geräuchert.

SCHWEINEFLEISCHSÜLZE

Material für 2,5 kg Schweinefleischsülze

- 0,9 kg Schweineschulter ohne Knochen, gepökelt
- 0,8 kg magerer Schweinebauch, gepökelt
- 0,4 kg Schwarten
- 0,4 L Kesselbrühe

Gewürze und Zutaten

- 25 g Salz
- 7,5 g weißer Pfeffer, gemahlen
- 2,5 g Kümmel, gemahlen
- 2,0 g Ingwer, gemahlen
- 1,0 g Piment, gemahlen
- 1,0 g Muskat, gemahlen

Herstellung

Die Schweineschulter und den mageren Bauch in 80°C heißem Wasser bis zu einer Kerntemperatur von 65°C garen, nach dem Abkühlen in 2cm große Würfel schneiden und kurz abbrühen.
Die mittelweich vorgegarten und noch warmen Schwarten durch die 2mm - Scheibe des Wolfes lassen, mit der Kesselbrühe vermischen und zum restlichen Material geben.
Dann die Gewürze und Zutaten zufügen, die Masse gut miteinander vermengen und in mittelweite Rinderbutten füllen.
Die einzeln und in der gewünschten Länge abgebundenen Sülzen für 10 Minuten ins kochende Wasser geben und dann 45 - 90 Minuten in 80°C heißem Wasser fertig garen.
Dabei rechnet man je Millimeter Darmdurchmesser eine Minute Garzeit.
Während des Garens prüft man die Würste auf eventuell vorhandene lufthaltige Stellen und beseitigt diese durch das Einstechen mit einer sehr feinen Nadel.
Anschließend legt man die Schweinefleischsülzen zum Abkühlen auf eine angefeuchtete Tischplatte und hängt sie dann ca. 6 - 8 Stunden zum Trocknen in einen kühlen, luftigen Raum.
Nach dem Trocknen werden sie 8 -10 Stunden bei einer Temperatur von 20°C kalt geräuchert.

RINDFLEISCHSÜLZE

Material für 2,5 kg Rindfleischsülze

- 1,7 kg Rinderschulter ohne Knochen, gepökelt
- 0,4 kg Schwarten
- 0,4 L Kesselbrühe

Gewürze und Zutaten

- 25 g Salz
- 7,5 g weißer Pfeffer, gemahlen
- 2,5 g Kümmel, gemahlen
- 2,5 g Macis, gemahlen
- 1,5 g Ingwer, gemahlen
- 1,0 g Koriander, gemahlen
- 1,0 g Muskat, gemahlen
- 30 g Zwiebeln, roh

Herstellung

Die Rinderschulter in 80°C heißem Wasser bis zu einer Kerntemperatur von 65°C garen, nach dem Abkühlen in 2cm große Würfel schneiden und kurz abbrühen.
Die mittelweich vorgegarten und noch warmen Schwarten zusammen mit den Zwiebeln durch die 2mm - Scheibe des Wolfes lassen, mit der Kesselbrühe vermischen und zum restlichen Material geben.
Dann die Gewürze und Zutaten zufügen, die Masse gut miteinander vermengen und in mittelweite Rinderbutten füllen.
Die einzeln und in der gewünschten Länge abgebundenen Rindfleischsülzen für 10 Minuten ins kochende Wasser geben und dann 45 - 90 Minuten in 80°C heißem Wasser fertig garen.
Dabei rechnet man je Millimeter Darmdurchmesser eine Minute Garzeit.
Während des Garens prüft man die Würste auf eventuell vorhandene lufthaltige Stellen und beseitigt diese durch das Einstechen mit einer sehr feinen Nadel.
Anschließend legt man die Rindfleischsülzen zum Abkühlen auf eine angefeuchtete Tischplatte und hängt sie danach ca. 6 - 8 Stunden zum Trocknen in einen kühlen, luftigen Raum.
Nach dem Trocknen werden sie 8 -10 Stunden bei einer Temperatur von 20°C kalt geräuchert.

FLEISCHPRESSSACK

Material für 2,5 kg Fleischpresssack

- 1,0 kg Rinderschulter ohne Knochen, gepökelt
- 0,7 kg Schweinekopffleisch, gepökelt
- 0,4 kg Schwarten
- 0,4 L Kesselbrühe

Gewürze und Zutaten

- 25 g Salz
- 7,5 g weißer Pfeffer, gemahlen
- 4,0 g Kümmel, ganz
- 1,0 g geriebene Zitronenschale
- 1,0 g Piment, gemahlen

Herstellung

Die Rinderschulter und das Schweinekopffleisch in 80°C heißem Wasser bis zu einer Kerntemperatur von 65°C garen, nach dem Abkühlen in 2cm große Würfel schneiden und kurz abbrühen.
Die mittelweich vorgegarten und noch warmen Schwarten durch die 2mm - Scheibe des Wolfes lassen, mit der Kesselbrühe vermischen und zum restlichen Material geben.
Dann die Gewürze und Zutaten zufügen, die Masse gut miteinander vermengen und in Schweineblasen füllen.
Die abgebundenen Fleischpresssäcke 10 Minuten ins kochende Wasser geben und dann, je nach Dicke, 90 - 120 Minuten in 80°C heißem Wasser fertig garen. Dabei rechnet man je Millimeter Blasendurchmesser eine Minute Garzeit.
Während des Garens prüft man die Würste auf eventuell vorhandene lufthaltige Stellen und beseitigt diese durch das Einstechen mit einer sehr feinen Nadel.
Anschließend legt man die Presssäcke zum kompletten Auskühlen auf eine angefeuchtete Tischplatte und presst sie dabei etwas mit Hilfe eines beschwerten Kunststoffbrettes.
Dadurch erhalten sie ihre typische Form und durch das zusätzliche Herauspressen von lufthaltigen Stellen eine längere Haltbarkeit.
Nachdem die Fleischpresssäcke vollständig erkaltet sind, werden sie 8 - 10 Stunden bei einer Temperatur von 20°C kalt geräuchert.

HAUSMACHER PRESSKOPF

Material für 2,5 kg Hausmacher Presskopf

- 0,9 kg Schweinekopffleisch, gepökelt
- 0,5 kg Schweinenacken, gepökelt
- 0,5 kg Schweinerückenspeck
- 0,3 kg Schwarten
- 0,3 L Kesselbrühe

Gewürze und Zutaten

- 30 g Salz
- 7,5 g weißer Pfeffer, gemahlen
- 2,5 g Muskat, gemahlen
- 2,0 g Majoran, gerebelt

Herstellung

Das Schweinekopffleisch und den Nacken in 80°C heißem Wasser bis zu einer Kerntemperatur von 65°C garen, nach dem Abkühlen in 2cm große Würfel schneiden und kurz abbrühen.
Den Rückenspeck in 1cm große Würfel schneiden und ebenfalls abbrühen.
Die mittelweich vorgegarten und noch warmen Schwarten durch die 2mm - Scheibe des Wolfes lassen, mit der Kesselbrühe vermischen und zum restlichen Material geben.
Dann die Gewürze und Zutaten zufügen, die Masse gut miteinander vermengen und in Schweineblasen füllen.
Die abgebundenen Pressköpfe für 10 Minuten ins kochende Wasser geben und dann, je nach Dicke, 90 - 120 Minuten in 80°C heißem Wasser fertig garen.
Während des Garens prüft man die Würste auf eventuell vorhandene lufthaltige Stellen und beseitigt diese durch das Einstechen mit einer sehr feinen Nadel.
Anschließend legt man die Pressköpfe zum kompletten Auskühlen auf eine angefeuchtete Tischplatte und presst sie dabei etwas mit Hilfe eines beschwerten Kunststoffbrettes.
Dadurch erhalten sie ihre typische Form und durch das zusätzliche Herauspressen von lufthaltigen Stellen eine längere Haltbarkeit.
Nachdem die Hausmacher Pressköpfe vollständig erkaltet sind, werden sie 8 - 10 Stunden bei einer Temperatur von 20°C kalt geräuchert.

WILDSCHWEIN - PRESSWURST

Material für 2,5 kg Wildschwein - Presswurst

- 1,2 kg Wildschweineschulter ohne Knochen, gepökelt
- 0,5 kg Schweinerückenspeck
- 0,4 kg Schwarten
- 0,4 L Kesselbrühe

Gewürze und Zutaten

- 30 g Salz
- 7,5 g weißer Pfeffer, gemahlen
- 3,5 g geriebene Orangenschale
- 2,5 g Koriander, gemahlen
- 1,5 g Kardamom, gemahlen

Herstellung

Die Wildschweinschulter in 80°C heißem Wasser bis zu einer Kerntemperatur von 65°C garen, nach dem Abkühlen in 1cm große Würfel schneiden und zusammen mit dem ebenfalls in 1cm große Würfel geschnittenen Rückenspeck kurz abbrühen.
Die mittelweich vorgegarten und noch warmen Schwarten durch die 2mm - Scheibe des Wolfes lassen, mit der Kesselbrühe vermischen und zum restlichen Material geben. Dann die Gewürze und Zutaten zufügen, die Masse gut miteinander vermengen und in weite Rinderbutten füllen.
Die einzeln und in der gewünschten Länge abgebundenen Presswürste für 10 Minuten ins kochende Wasser geben und dann, je nach Dicke, 90 - 120 Minuten in 80°C heißem Wasser fertig garen.
Dabei rechnet man je Millimeter Darmdurchmesser eine Minute Garzeit.
Während des Garens prüft man die Würste auf eventuell vorhandene lufthaltige Stellen und beseitigt diese durch das Einstechen mit einer sehr feinen Nadel.
Anschließend legt man die Presswürste zum kompletten Auskühlen auf eine angefeuchtete Tischplatte und presst sie dabei etwas mit Hilfe eines beschwerten Kunststoffbrettes.
Dadurch erhalten sie ihre typische Form und durch das zusätzliche Herauspressen von lufthaltigen Stellen eine längere Haltbarkeit.
Nachdem die Wildschwein - Presswürste vollständig erkaltet, sind werden sie 8 - 10 Stunden bei einer Temperatur von 20°C kalt geräuchert.

HAUSMACHERSÜLZE MIT LAMMFLEISCH

Material für 2,5 kg Hausmachersülze

- 1,0 kg Lammschulter ohne Knochen, gepökelt
- 0,5 kg Schweinerückenspeck
- 0,5 kg Schwarten
- 0,5 L Kesselbrühe

Gewürze und Zutaten

- 30 g Salz
- 8,0 g weißer Pfeffer, gemahlen
- 2,0 g Macis, gemahlen
- 40 g Zwiebeln, roh

Herstellung

Die Lammschulter in 80°C heißem Wasser bis zu einer Kerntemperatur von 65°C garen, nach dem Abkühlen in 2cm große Würfel schneiden und zusammen mit dem in 1cm große Würfel geschnittenen Rückenspeck kurz abbrühen.
Die mittelweich vorgegarten und noch warmen Schwarten zusammen mit den Zwiebeln durch die 2mm - Scheibe des Wolfes lassen, mit der Kesselbrühe vermischen und zum restlichen Material geben.
Dann die Gewürze und Zutaten zufügen, die Masse gut miteinander vermengen und in Schweinebutten füllen.
Die einzeln und in der gewünschten Länge abgebundenen Hausmachersülzen aus Lammfleisch 10 Minuten ins kochende Wasser geben und dann 45 - 90 Minuten in 80°C heißem Wasser fertig garen.
Dabei rechnet man je Millimeter Darmdurchmesser eine Minute Garzeit.
Während des Garens prüft man die Würste auf eventuell vorhandene lufthaltige Stellen und beseitigt diese durch das Einstechen mit einer sehr feinen Nadel.
Anschließend legt man die Hausmachersülzen mit Lammfleisch zum Abkühlen auf eine angefeuchtete Tischplatte und hängt sie danach ca. 6 - 8 Stunden zum Trocknen in einen kühlen, luftigen Raum.
Nach dem Trocknen werden sie 8 -10 Stunden bei einer Temperatur von 20°C kalt geräuchert.

SCHWARTENMAGEN MIT ZIEGENLAMMFLEISCH

Material für 2,5 kg Schwartenmagen

- 1,0 kg Ziegenlammkeule ohne Knochen, gepökelt
- 0,4 kg Schweinebauch, gepökelt
- 0,6 kg Schwarten
- 0,5 L Kesselbrühe

Gewürze und Zutaten

- 25 g Salz
- 7,5 g weißer Pfeffer, gemahlen
- 2,0 g Macis, gemahlen
- 1,5 g Ingwer, gemahlen
- 30 g Zwiebeln, roh
- 4,0 cl trockener Rotwein

Herstellung

Die Ziegenlammkeule und den Schweinebauch in 80°C heißem Wasser bis zu einer Kerntemperatur von 65°C garen, nach dem Abkühlen in 1cm große Würfel schneiden und kurz abbrühen.
Die mittelweich vorgegarten und noch warmen Schwarten zusammen mit den Zwiebeln durch die 2mm - Scheibe des Wolfes lassen, mit der Kesselbrühe ververmischen und zum restlichen Material geben.
Dann die Gewürze und Zutaten zufügen, die Masse gut miteinander vermengen und in Schweinemägen füllen.
Die abgebundenen Schwartenmägen mit Ziegenlammfleisch für 10 Minuten ins kochende Wasser geben und dann, je nach Dicke, 1,5 - 2,5 Stunden in 80°C heißem Wasser fertig garen.
Dabei rechnet man je Millimeter Magendurchmesser eine Minute Garzeit.
Während des Garens prüft man die Würste auf eventuell vorhandene lufthaltige Stellen und beseitigt diese durch das Einstechen mit einer sehr feinen Nadel.
Anschließend legt man die Schwartenmägen mit Ziegenlammfleisch zum Abkühlen auf eine angefeuchtete Tischplatte und hängt sie dann ca. 8 - 10 Stunden zum Trocknen in einen kühlen, luftigen Raum.
Nach dem Trocknen werden sie 10 Stunden bei einer Temperatur von 20°C kalt geräuchert.

SCHWARTENMAGEN MIT HIRSCHKALBFLEISCH

Material für 2,5 kg Schwartenmagen

- 0,9 kg Hirschkalbkeule ohne Knochen, gepökelt
- 0,5 kg Schweinebauch, gepökelt
- 0,6 kg Schwarten
- 0,5 L Kesselbrühe

Gewürze und Zutaten

- 25 g Salz
- 8,0 g weißer Pfeffer, gemahlen
- 2,0 g Macis, gemahlen
- 4,0 cl trockener Weißwein

Herstellung

Die Hirschkalbkeule und den Schweinebauch in 80°C heißem Wasser bis zu einer Kerntemperatur von 65°C garen, nach dem Abkühlen in 2cm große Würfel schneiden und kurz abbrühen.
Die mittelweich vorgegarten und noch warmen Schwarten durch die 2mm - Scheibe des Wolfes lassen, mit der Kesselbrühe vermischen und zum restlichen Material geben.
Dann die Gewürze und Zutaten zufügen, die Masse gut miteinander vermengen und in Schweinemägen füllen.
Die abgebundenen Schwartenmägen mit Hirschkalbfleisch für 10 Minuten ins kochende Wasser geben und dann, je nach Dicke, 1,5 - 2,5 Stunden in 80°C heißem Wasser fertig garen.
Dabei rechnet man je Millimeter Magendurchmesser eine Minute Garzeit.
Während des Garens prüft man die Würste auf eventuell vorhandene lufthaltige Stellen und beseitigt diese durch das Einstechen mit einer sehr feinen Nadel.
Anschließend legt man die Schwartenmägen mit Hirschkalbfleisch zum Abkühlen auf eine angefeuchtete Tischplatte und hängt sie dann ca. 8 - 10 Stunden zum Trocknen in einen kühlen, luftigen Raum.
Nach dem Trocknen werden sie 10 Stunden bei einer Temperatur von 20°C kalt geräuchert.

SÜLZEN

HERSTELLUNG VON SÜLZEN

Das meist vorgepökelte Material für die Herstellung von Sülzen wird erst bissfest gekocht, nach dem Abkühlen in Würfel, Streifen oder gleichmäßige Stücke geschnitten und vor der Verwendung nochmals kurz mit kochendem Wasser abgebrüht.

Ihre Schnittfähigkeit erhalten Sülzen durch das Erstarren der so genannten Gallertmasse, die aus natürlichem oder künstlichem Aspik besteht.

ABFÜLLEN UND KÜHLEN DER SÜLZMASSE

Das gut mit dem gewürzten Aspik vermischte Material wird entweder in Kunstdärme oder in geeignete Formen wie Schüsseln und Teller gefüllt.

Nach dem Abkühlen sind die Sülzen dann schnittfest und können verzehrt werden.

HERSTELLUNG VON NATÜRLICHEM ASPIK

Die Herstellung von natürlichem Aspik erfolgt durch das Auskochen von zerkleinerten Kalbsfüßen, Kalbskopfhäuten, Eisbeinen, Schwarten und Knochen in Gewürzlake.

Hierfür wird das jeweilige Material in einen entsprechend großen Topf gegeben, mit kaltem Wasser bedeckt und nach dem Aufkochen fünf Minuten bei mittlerer Temperatur gegart.

Dann gießt man das Kochwasser ab, füllt soviel Gewürzlake auf bis das Material wieder bedeckt ist und lässt alles solange bei mittlerer Temperatur kochen, bis das Material zerfällt.

Zutaten für die Gewürzlake je Liter Wasser:

18 g Salz
12 Wacholderbeeren
6 Pfefferkörner
5 Pimentkörner
3 Lorbeerblätter

Anschließend wird die Brühe durch ein Sieb gegossen, entfettet und für die Herstellung von Sülzen verwendet.

SÜLZEN

HERSTELLUNG VON KÜNSTLICHEM ASPIK

Für die Herstellung von künstlichem Aspik muss Aspikpulver ca.10 Minuten in etwas kaltem Wasser vorquellen.

Danach wird es in ca. 70°C heißer Kesselbrühe oder alternativ in leicht gesalzener Fleischbrühe restlos aufgelöst und anschließend mit den jeweils im Rezept angegebenen Gewürze verrührt.

Möchte man künstliches Aspik ohne fertiges Aspikpulver herstellen, werden folgende Zutaten benötigt:

Zutaten für 0,5 Liter Aspik:

500	ml	Wasser
65	g	Speisegelantine
60	g	Zucker
40	g	Weißwein
90	g	Essig
3,0	g	Piment
2		Lorbeerblätter

Herstellung:

Das Wasser und die Zutaten kurz aufkochen, durch ein Sieb gießen und weiter verarbeiten.

Sollte das Aspik trübe sein, kann es durch das Einrühren eines Eiklars geklärt werden.

SCHWEINSKOPFSÜLZE

Material für 2,5 kg Schweinskopfsülze

- 1,6 kg Schweinekopffleisch, gepökelt
- 0,3 kg Schweinebauch ohne Schwarte, gepökelt
- 0,6 L Kesselbrühe

Gewürze und Zutaten

- 8,0 g Salz
- 7,5 g Pfeffer, gemahlen
- 2,5 g Macis, gemahlen
- 1,5 g Piment, gemahlen
- 55 g Aspikpulver
- 2,0 cl trockener Weißwein

Herstellung

Das Schweinekopf- und Bauchfleisch bissfest garen, nach dem Erkalten in 2cm große Würfel schneiden und kurz mit kochendem Wasser abbrühen.
Das Aspikpulver in etwas kaltem Wasser ca. 10 Minuten vorquellen lassen und dann in der heißen Kesselbrühe restlos auflösen. Danach die restlichen Gewürze und Zutaten einrühren, die Kopf- und Bauchwürfel dazugeben und alles gut miteinander vermengen.
Die Schweinekopfsülzmasse anschließend in rechteckige Formen füllen und solange kühl stellen, bis sie schnittfest ist.
Nach dem Erkalten werden die Formen kurz in heißes Wasser gestellt.
Dadurch lässt sich die Schweinskopfsülze dann problemlos heraus stürzen.

SCHINKENSÜLZE

Material für 2,5 kg Schinkensülze

- 1,5 kg Schweineschinkenfleisch, gepökelt
- 0,4 kg Schweinebacken, gepökelt
- 0,6 L Kesselbrühe

Gewürze und Zutaten

- 8,0 g Salz
- 7,5 g weißer Pfeffer, gemahlen
- 1,0 g Muskat, gemahlen
- 1,0 g Piment, gemahlen
- 55 g Aspikpulver

Herstellung

Das Schinkenfleisch und die Backen bissfest garen, in 1cm große Würfel schneiden und kurz mit kochendem Wasser abbrühen.
Das Aspikpulver in etwas kaltem Wasser ca. 10 Minuten vorquellen lassen und dann in der heißen Kesselbrühe restlos auflösen. Danach die restlichen Gewürze und Zutaten einrühren, die Schinken- und Backenwürfel dazugeben und alles gut miteinander vermengen.
Die Schinkensülzmasse anschließend in rechteckige Formen füllen und solange kühl stellen, bis sie schnittfest ist.
Nach dem Erkalten werden die Formen kurz in heißes Wasser gestellt.
Dadurch lässt sich die Schinkensülze dann problemlos heraus stürzen.

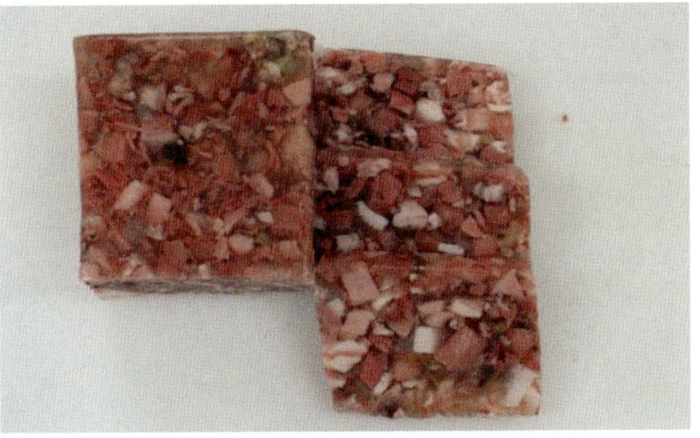

KÜMMELSÜLZE

Material für 2,5 kg Kümmelsülze

- 1,0 kg Schweinekopffleisch, gepökelt
- 0,5 kg ausgelöste Rinderschulter, gepökelt
- 0,3 kg Schweinebauch ohne Schwarte, gepökelt
- 0,2 kg Schweineherz
- 0,5 L Kesselbrühe

Gewürze und Zutaten

- 8,0 g Salz
- 5,0 g weißer Pfeffer, gemahlen
- 5,0 g Kümmel, ganz
- 1,5 g Ingwer, gemahlen
- 1,0 g Macis, gemahlen
- 45 g Aspikpulver

Herstellung

Das Material bissfest garen, nach dem Erkalten in 1cm große Würfel schneiden und kurz mit kochendem Wasser abbrühen.
Das Aspikpulver in etwas kaltem Wasser ca. 10 Minuten vorquellen lassen und dann in der heißen Kesselbrühe restlos auflösen. Danach die restlichen Gewürze und Zutaten einrühren, die bissfest gegarten Materialwürfel dazugeben und alles gut miteinander vermengen.
Die Kümmelsülzmasse anschließend in weite Kunstdärme füllen und einzelne Würste in entsprechender Länge abbinden.
Die Würste dann unter mehrmaligem Wenden in kaltem Wasser abkühlen und danach solange kühl lagern, bis sie schnittfest sind.

SCHÜSSELSÜLZE

Material für 2,5 kg Schüsselsülze

- 1,5 kg Schweinekopffleisch, gepökelt
- 0,3 kg Eisbeinfleisch, gepökelt
- 0,2 kg Schweinebauch ohne Schwarte, gepökelt
- 0,5 L Kesselbrühe

Gewürze und Zutaten

- 8,0 g Salz
- 5,0 g Pfeffer, gemahlen
- 2,0 g Kümmel, gemahlen
- 40 g Zwiebelwürfel
- 45 g Aspikpulver
- einige Scheiben gekochtes Ei

Herstellung

Das Material bissfest garen, nach dem Erkalten in 1cm große Würfel schneiden und kurz mit kochendem Wasser abbrühen.
Das Aspikpulver in etwas kaltem Wasser ca. 10 Minuten vorquellen lassen und dann in der heißen Kesselbrühe restlos auflösen. Danach die restlichen Gewürze und Zutaten einrühren, die Fleischwürfel dazugeben und alles gut miteinander vermengen.
Die Sülzmasse anschließend in kleinere Glasschüsseln füllen auf deren Boden zuvor eine Scheibe gekochtes Ei gelegt wurde und so lange kühl stellen, bis sie schnittfest ist.
Nach dem Erkalten werden die Glasschüsseln kurz in heißes Wasser gestellt. Dadurch lässt sich die Schüsselsülze dann problemlos heraus stürzen.

EISBEINSÜLZE

Material für 2,5 kg Eisbeinsülze

- 1,5 kg Eisbeinfleisch, gepökelt
- 0,5 kg Schweinekopffleisch, gepökelt
- 0,5 L Kesselbrühe

Gewürze und Zutaten

- 8,0 g Salz
- 4,0 g weißer Pfeffer, gemahlen
- 2,0 g Senfmehl
- 2,0 g Kümmel, ganz
- 45 g Aspikpulver
- 1 Bund frische Petersilie

Herstellung

Das Eisbein- und Kopffleisch bissfest garen, nach dem Erkalten in kleine Stücke schneiden und kurz mit kochendem Wasser abbrühen.
Das Aspikpulver in etwas kaltem Wasser ca. 10 Minuten vorquellen lassen und dann in der heißen Kesselbrühe restlos auflösen. Danach die Gewürze und Zutaten einrühren, die Fleischwürfel und klein geschnittene Petersilie dazugeben und alles gut miteinander vermengen.
Die Eisbeinsülzmasse anschließend in größere Glasschüsseln füllen und so lange kühl stellen, bis sie schnittfest ist.
Nach dem Erkalten werden die Glasschüsseln kurz in heißes Wasser gestellt. Dadurch lässt sich die Eisbeinsülze dann problemlos heraus stürzen.

OCHSENMAULSÜLZE

Material für 2,5 kg Ochsenmaulsülze

- 1,7 kg Ochsenmaulfleisch, gepökelt
- 0,4 kg Schweinekopffleisch, gepökelt
- 0,4 L Kesselbrühe

Gewürze und Zutaten

- 6,0 g Pfeffer, gemahlen
- 4,0 g Zucker
- 1,5 g Kardamom, gemahlen
- 1,0 g Ingwer, gemahlen
- 20 g Zwiebelwürfel
- 40 g Aspikpulver

Herstellung

Das Ochsenmaul- und Schweinekopffleisch bissfest garen, nach dem Erkalten in 1cm große Würfel schneiden und kurz mit kochendem Wasser abbrühen.
Das Aspikpulver in etwas kaltem Wasser ca. 10 Minuten vorquellen lassen und dann in der heißen Kesselbrühe restlos auflösen. Danach die Gewürze und Zutaten einrühren, die Maulfleisch- und Kopfwürfel dazugeben und alles gut miteinander vermengen.
Die Ochsenmaulsülzmasse anschließend in weite Kunstdärme füllen und einzelne Würste in entsprechender Länge abbinden.
Die Würste dann unter mehrmaligem Wenden in kaltem Wasser abkühlen und danach solange kühl lagern, bis sie schnittfest sind.

BUNTE SCHAFSSÜLZE

Material für 2,5 kg Bunte Schafssülze

- 1,5 kg Schafschinken ohne Knochen, gepökelt
- 0,4 kg rote und grüne Paprikaschote
- 0,6 L Kesselbrühe

Gewürze und Zutaten

- 10 g Salz
- 5,0 g weißer Pfeffer, gemahlen
- 4,0 g Zucker
- 1,5 g Macis, gemahlen
- 1,0 g Ingwer, gemahlen
- 55 g Aspikpulver

Herstellung

Das Schaffleisch bissfest garen, nach dem Erkalten in 1cm große Würfel schneiden und kurz mit kochendem Wasser abbrühen.
Das Aspikpulver in etwas kaltem Wasser ca. 10 Minuten vorquellen lassen und dann in der heißen Kesselbrühe restlos auflösen.
Danach vorsichtig die klein gewürfelte Paprika sowie die Gewürze und Zutaten einrühren, die Schafschinkenwürfel dazugeben und alles gut miteinander vermengen.
Die bunte Schafssülzmasse anschließend in weite Kunstdärme füllen und einzelne Würste in entsprechender Länge abbinden.
Die Würste dann unter mehrmaligem Wenden in kaltem Wasser abkühlen und danach solange kühl lagern, bis sie schnittfest sind.

BRÜHWÜRSTE

BRÜHWÜRSTE ALLGEMEIN

Brühwürste werden aus zerkleinertem Fleisch und Speck hergestellt, wobei die anschließende Weiterverarbeitung bei den meisten Sorten im Kutter unter Zugabe von Nitritpökelsalz, Gewürzen und Eisschnee erfolgt.

Die verschiedenen Sorten werden entweder während ihrer Herstellung oder kurz vor dem Verzehr gebrüht, gebacken, gebraten oder gegrillt.

Im Unterschied zu anderen Wurstarten bleiben Brühwürste auch bei einem erneuten Erhitzen schnittfest.

MATERIALAUSWAHL MAGERFLEISCH

Für die Herstellung von Brühwurst eignet sich am besten das Fleisch von jüngeren Tieren, da es einen hochprozentigen Anteil an Eiweiß besitzt und dadurch bei entsprechender Verarbeitung große Mengen von Fremdwasser binden kann.

Verwendet werden können sämtliche Abschnitte vom Schwein und gut entfettete Rindfleischabschnitte.

Allerdings besitzt nur frisch geschlachtetes Magerfleisch einen optimalen ph-Wert von 7,0, also einen neutralen Grad der Fleischsäuerung. Dadurch kann sich das darin enthaltene Eiweiß sehr gut mit dem Fett und Wasser verbinden.

Da der ph-Wert von gekühltem oder gefrorenem Magerfleisch zu niedrig ist, muss dieser während des Kutterns durch die Zugabe sogenannter Kutterhilfsmittel wie Phosphat, Kaliumnitrat oder Citrat wieder angehoben werden.

Ansonsten weist das Fleisch ein schlechtes Wasserbindevermögen auf und das Brät wird trocken und klumpig.

Um ein optimales Ergebnis der fertigen Brühwurst zu erzielen, sollte frisch geschlachtetes Magerfleisch immer gekühltem oder gefrorenem Fleisch vorgezogen werden.

FETTMATERIAL

Als Fettmaterial für die Brühwurstherstellung eignen sich kerniger, gut entschwarteter Schweinespeck und gut entschwarteter Schweinebauch.

Vor seiner Verarbeitung sollte das Fett über Nacht bei einer Temperatur zwischen -1°C bis +1°C gut durchgekühlt werden. Dadurch wird ein späteres Schmieren während des Kuttervorganges verhindert.

BRÜHWÜRSTE

WOLFEN UND KUTTERN

Nachdem das zuvor in Stücke geschnittene Magerfleisch durch die 2mm - Scheibe des Wolfes gelassen wurde, kuttert man es anschließend solange im langsamen Gang, bis die Kuttermesser alles erfasst haben.

Bei der Verwendung von gekühltem oder gefrorenem Fleisch muss dabei Kutterhilfsmittel in Form von Phosphat zugegeben werden.

Je Kilogramm des verwendeten Magerfleischs und später mitzukutternden Fettmaterials rechnet man 3,0g Phosphat.

Somit benötigt man beispielsweise für 3,5 kg Magerfleisch und 1,5 kg Fett insgesamt 15g Phosphat.

Dann gibt man langsam 2/3 des Eisschnees zu und kuttert das Brät bindig. Dabei sollte die Temperatur von 3°C nicht überschritten werden!

Danach wird der gut gekühlte, zuvor durch den Wolf gelassene Speck langsam untergekuttert, der restliche Eisschnee zugegeben und das Brät im schnellsten Gang bis zur Temperatur von 10°C fertig gekuttert.

Die Gewürze und Zutaten müssen dabei so rechtzeitig zugegeben werden, dass sie sich noch gut mit dem Brät vermischen.

Danach lässt man das Brät noch solange im langsamen Gang laufen, bis die Temperatur auf 12°C angestiegen ist.

Dadurch kann überschüssige Luft entweichen und spätere Fehler in der fertigen Wurst werden vermieden.

Bratwürste für den Grill oder die Pfanne sind die einzigen Brühwürste, die sowohl im Kutter als auch mit dem Fleischwolf hergestellt werden können.

Genauere Erklärungen finden sich in den entsprechenden Rezepten.

ABFÜLLEN

Nach dem Wolfen oder Kuttern erfolgt die Abfüllung des Bräts in die der jeweiligen Brühwurstsorte entsprechenden Därme.

Bockwürste, Wiener Würstchen und Bratwürste werden in Saitlinge, Knack- und Fleischwürste in Kranzdärme gefüllt.

Für Brühwurstsorten mit größerem Kaliber wie Jagdwurst, Schinkenwurst und Mortadella, eignen sich Rindermitteldärme oder Rinderbutten.

Das Füllen darf nicht zu fest geschehen, da der Darm während des Brühvorgangs einschrumpft und dann sehr schnell reißen kann.

BRÜHWÜRSTE

TROCKNEN, RÄUCHERN, BRÜHEN

Brühwürstchen wie Bockwürste und Wiener Würstchen lässt man nach dem Füllen kurz abtrocknen und hängt sie danach für 60 Minuten bei einer Temperatur von 60°C - 70°C in den Heißrauch.

Danach werden sie 15 Minuten in 70°C heißem Wasser gebrüht und anschließend ca. 10 Minuten zum Abkühlen in kaltes Wasser gelegt.

Dadurch wird auch verhindert, dass der Darm faltig wird.

Alle anderen Brühwurstsorten können nach dem Vortrocknen ebenfalls etwas heiß angeräuchert werden.

Üblicherweise werden sie aber sofort nach dem Abfüllen in 75°C - 78°C heißem Wasser gebrüht, wobei sich auch hier die Dauer nach dem Wurstkaliber richtet.

Sorten mit kleinerem Kaliber wie Fleisch- und Knackwürste müssen ca. 60 Minuten und Sorten mit größerem Kaliber wie Jagdwurst und Mortadella ca. 2 bis 2 ½ Stunden gebrüht werden.

Nach dem Brühen wäscht man die Würste mit lauwarmem Wasser ab und lässt sie dann auf angefeuchteten Metalltischen erkalten.

Auch hierbei bilden die Bratwürste für den Grill oder die Pfanne wieder die Ausnahme, denn sie werden nach dem Füllen weder getrocknet, geräuchert oder gebrüht. Ihre Erhitzung erfolgt kurz vor dem Verzehr.

Prinzipiell darf aber die Lagertemperatur aller Brühwurstsorten nicht mehr als 4°C betragen.

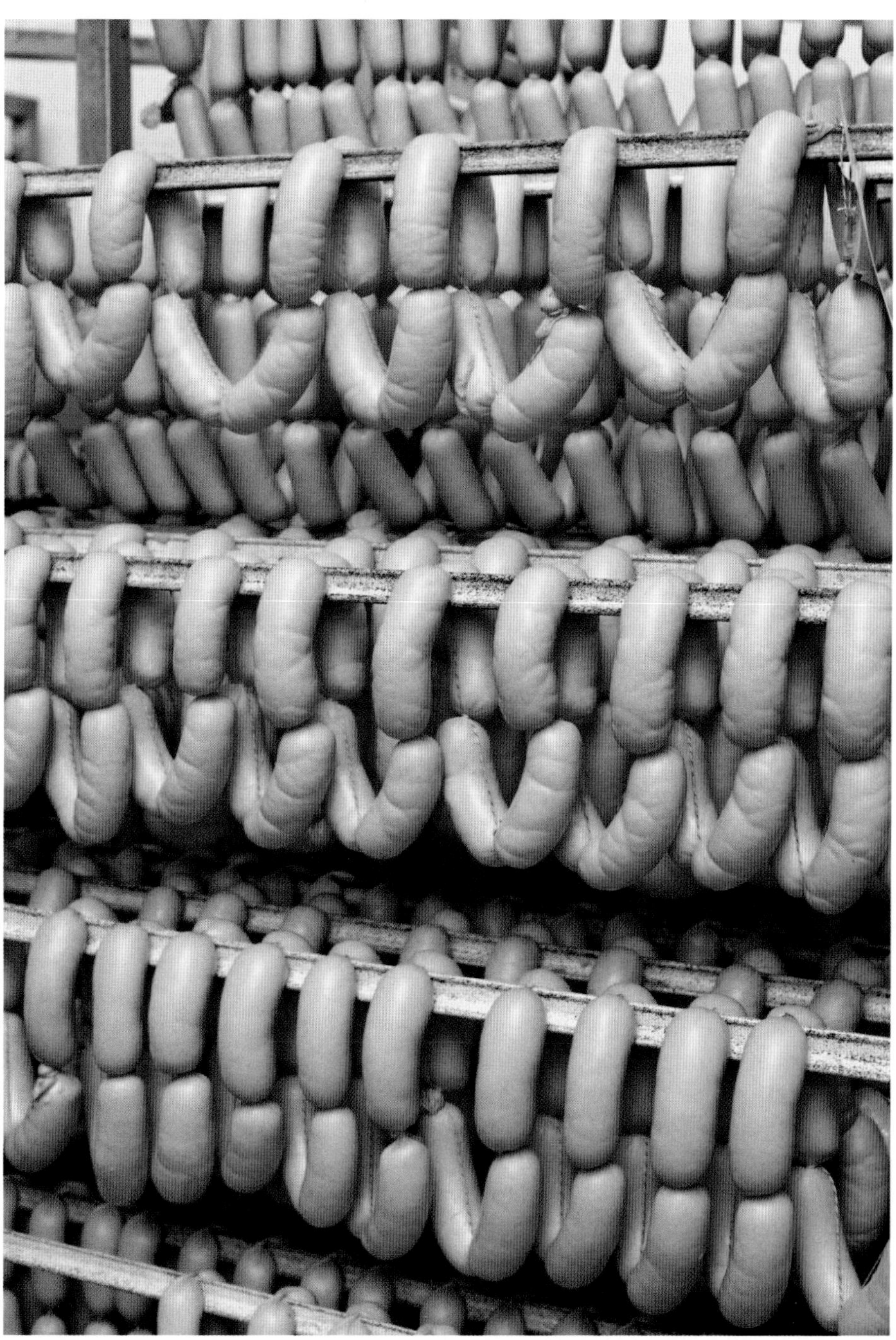

WIENER WÜRSTCHEN

Material für 2,5 kg Wiener Würstchen

- 0,9 kg Rinderschulter ohne Knochen
- 0,5 kg Schweineschulter ohne Knochen
- 0,7 kg Schweinerückenspeck, gut gekühlt
- 0,4 kg Eisschnee

Gewürze und Zutaten

- 60 g Nitritpökelsalz
- 3,0 g weißer Pfeffer, gemahlen
- 1,5 g Macis, gemahlen
- 1,5 g Paprikapulver, edelsüß

Herstellung

Das frisch geschlachtete Rinder- und Schweinefleisch in Stücke schneiden, durch die 2mm - Scheibe des Wolfes lassen und dann zur weiteren Zerkleinerung einige Runden im langsamen Gang kuttern.
Dann gibt man langsam 2/3 des Eisschnees dazu und kuttert das Brät bindig.
Dabei sollte die Temperatur von 3°C nicht überschritten werden.
Danach wird der gut gekühlte, zuvor durch die 2mm - Scheibe gewolfte Rückenspeck langsam untergekuttert, der restliche Eisschnee zugegeben und das Brät im schnellsten Gang bis zur Temperatur von 10°C fertig gekuttert.
Dabei müssen die Gewürze und Zutaten so rechtzeitig zugegeben werden, dass sie sich noch gut mit dem Brät vermischen.
Anschließend lässt man es noch solange im langsamen Gang laufen, bis die Brättemperatur auf 12°C angestiegen ist.
Dadurch kann überschüssige Luft entweichen und spätere Fehler in der fertigen Wurst werden vermieden.
Die Masse füllt man dann in Schafssaitlinge, dreht paarweise Würstchen von je 50g ab, lässt diese kurz abtrocknen und räuchert sie danach eine Stunde bei einer Temperatur von 60°C - 70°C heiß.
Anschließend werden sie 15 Minuten in 70°C heißem Wasser gebrüht und dann ein paar Minuten zum Abkühlen in kaltes Wasser gelegt.
Letzteres verhindert auch, dass der Darm faltig wird.
Wenn die Wiener Würstchen abgekühlt sind, werden sie einige Stunden zum Trocknen aufgehängt und dann bei max. 4°C gelagert.

GEFLÜGELWIENER

Material für 2,5 kg Geflügelwiener

- 1,0 kg Putenbrustfilet
- 0,5 kg Hähnchenbrustfilet
- 0,6 kg Schweinerückenspeck, gut gekühlt
- 0,4 kg Eisschnee

Gewürze und Zutaten

- 55 g Nitritpökelsalz
- 3,0 g weißer Pfeffer, gemahlen
- 1,5 g Muskat, gemahlen
- 1,0 g Paprikapulver, edelsüß

Herstellung

Das frisch geschlachtete Puten- und Hähnchenfleisch in Stücke schneiden, durch die 2mm - Scheibe des Wolfes lassen und dann zur weiteren Zerkleinerung einige Runden im langsamen Gang kuttern.
Dann gibt man langsam 2/3 des Eisschnees dazu und kuttert das Brät bindig.
Dabei sollte die Temperatur von 3°C nicht überschritten werden.
Danach wird der gut gekühlte, zuvor durch die 2mm - Scheibe gewolfte Rückenspeck langsam untergekuttert, der restliche Eisschnee zugegeben und das Brät im schnellsten Gang bis zur Temperatur von 10°C fertig gekuttert.
Dabei müssen die Gewürze und Zutaten so rechtzeitig zugegeben werden, dass sie sich noch gut mit dem Brät vermischen.
Anschließend lässt man es noch solange im langsamen Gang laufen, bis die Brättemperatur auf 12°C angestiegen ist.
Dadurch kann überschüssige Luft entweichen und spätere Fehler in der fertigen Wurst werden vermieden.
Die Masse füllt man dann in Schafssaitlinge, dreht paarweise Würstchen von je 50g ab, lässt diese kurz abtrocknen und räuchert sie danach eine Stunde bei einer Temperatur von 60°C - 70°C heiß.
Anschließend werden sie 15 Minuten in 70°C heißem Wasser gebrüht und dann ein paar Minuten zum Abkühlen in kaltes Wasser gelegt.
Letzteres verhindert auch, dass der Darm faltig wird.
Wenn die Geflügelwiener abgekühlt sind, werden sie einige Stunden zum Trocknen aufgehängt und dann bei max. 4°C gelagert.

KNOBLÄNDER

Material für 2,5 kg Knobländer

- 0,8 kg Rinderschulter ohne Knochen
- 0,6 kg Schweineschulter ohne Knochen
- 0,7 kg Schweinerückenspeck, gut gekühlt
- 0,4 kg Eisschnee

Gewürze und Zutaten

- 60 g Nitritpökelsalz
- 3,0 g Pfeffer, gemahlen
- 2,5 g Paprikapulver, edelsüß
- 1,0 g Ingwer, gemahlen
- 1,0 g Macis, gemahlen
- 1 ½ Knoblauchzehen, gepresst

Herstellung

Das frisch geschlachtete Rind- und Schweinefleisch in Stücke schneiden, durch die 2mm - Scheibe des Wolfes lassen und dann zur weiteren Zerkleinerung einige Runden im langsamen Gang kuttern.
Dann gibt man langsam 2/3 des Eisschnees dazu und kuttert das Brät bindig. Dabei sollte die Temperatur von 3°C nicht überschritten werden.
Danach wird der gut gekühlte, zuvor durch die 2mm - Scheibe gewolfte Rückenspeck langsam untergekuttert, der restliche Eisschnee zugegeben und das Brät im schnellsten Gang bis zur Temperatur von 10°C fertig gekuttert.
Dabei müssen die Gewürze und Zutaten so rechtzeitig zugegeben werden, dass sie sich noch gut mit dem Brät vermischen.
Anschließend lässt man es noch solange im langsamen Gang laufen, bis die Brättemperatur auf 12°C angestiegen ist. Dadurch kann überschüssige Luft entweichen und spätere Fehler in der fertigen Wurst werden vermieden.
Die Masse füllt man dann in enge Schweinedärme mit einem Kaliber von 28/30, dreht paarweise Würstchen von je 120g ab, lässt diese kurz abtrocknen und räuchert sie danach eine Stunde bei einer Temperatur von 60°C - 70°C heiß.
Anschließend werden sie 20 Minuten in 70°C heißem Wasser gebrüht und dann ein paar Minuten zum Abkühlen in kaltes Wasser gelegt.
Letzteres verhindert auch, dass der Darm faltig wird.
Wenn die Knobländer abgekühlt sind, werden sie einige Stunden zum Trocknen aufgehängt und dann bei max. 4°C gelagert.

BOCKWURST

Material für 2,5 kg Bockwurst

- 1,0 kg Schweineschulter ohne Knochen
- 0,6 kg Rinderschulter ohne Knochen
- 0,5 kg Schweinebauch ohne Schwarte, gut gekühlt
- 0,4 kg Eisschnee

Gewürze und Zutaten

- 60 g Nitritpökelsalz
- 3,0 g weißer Pfeffer, gemahlen
- 2,0 g Muskat, gemahlen
- 1,0 g Knoblauchpulver

Herstellung

Das frisch geschlachtete Schweine- und Rindfleisch in Stücke schneiden, durch die 2mm - Scheibe des Wolfes lassen und dann zur weiteren Zerkleinerung einige Runden im langsamen Gang kuttern.
Dann gibt man langsam 2/3 des Eisschnees dazu und kuttert das Brät bindig. Dabei sollte die Temperatur von 3°C nicht überschritten werden.
Danach wird der gut gekühlte, zuvor durch die 2mm - Scheibe gewolfte Schweinebauch langsam untergekuttert, der restliche Eisschnee zugegeben und das Brät im schnellsten Gang bis zur Temperatur von 10°C fertig gekuttert.
Dabei müssen die Gewürze und Zutaten so rechtzeitig zugegeben werden, dass sie sich noch gut mit dem Brät vermischen.
Anschließend lässt man es noch solange im langsamen Gang laufen, bis die Brättemperatur auf 12°C angestiegen ist. Dadurch kann überschüssige Luft entweichen und spätere Fehler in der fertigen Wurst werden vermieden.
Die Masse füllt man dann in enge Schweinedärme mit einem Kaliber von 28/30, dreht paarweise Würstchen von je 100g ab, lässt diese kurz abtrocknen und räuchert sie danach eine Stunde bei einer Temperatur von 60°C - 70°C heiß.
Anschließend werden sie 20 Minuten in 70°C heißem Wasser gebrüht und dann ein paar Minuten zum Abkühlen in kaltes Wasser gelegt.
Letzteres verhindert auch, dass der Darm faltig wird.
Wenn die Bockwürste abgekühlt sind, werden sie einige Stunden zum Trocknen aufgehängt und dann bei max. 4°C gelagert.

FEINE SCHINKENWURST MIT PAPRIKA

Material für 2,5 kg Feine Schinkenwurst

- 1,0 kg Schweineschinkenfleisch
- 0,4 kg Schweineschulter ohne Knochen
- 0,7 kg Schweinerückenspeck, gut gekühlt
- 0,4 kg Eisschnee

Gewürze und Zutaten

- 65 g Nitritpökelsalz
- 3,0 g weißer Pfeffer, gemahlen
- 2,0 g Senfmehl
- 1,5 g Ingwer, gemahlen
- 60 g rote Paprikaschote

Herstellung

Das frisch geschlachtete Schweinefleisch in Stücke schneiden, durch die 2mm - Scheibe des Wolfes und dann zur weiteren Zerkleinerung einige Runden im langsamen Gang kuttern.
Dann gibt man langsam 2/3 des Eisschnees dazu und kuttert das Brät bindig.
Dabei sollte die Temperatur von 3°C nicht überschritten werden.
Danach wird der gut gekühlte, zuvor durch die 2mm - Scheibe gewolfte Rückenspeck langsam untergekuttert, der restliche Eisschnee zugegeben und das Brät im schnellsten Gang bis zur Temperatur von 10°C fertig gekuttert.
Dabei müssen die Gewürze und Zutaten (außer der Paprika) so rechtzeitig zugegeben werden, dass sie sich noch gut mit dem Brät vermischen.
Anschließend lässt man das Brät noch solange im langsamen Gang laufen, bis die Brättemperatur auf 12°C angestiegen ist.
Die in kleine Stücke geschnittene rote Paprika ist dabei erst in der letzten Kutterrunde zuzugeben, damit sie in der fertigen Wurst noch gut sichtbar ist.
Die Masse füllt man dann in Rinderkranzdärme, bindet einzelne Ringe ab und brüht sie ca. 45 Minuten in 75° C heißem Wasser.
Danach werden sie ein paar Minuten zum Abkühlen in kaltes Wasser gelegt.
Wenn die Feinen Schinkenwürste mit Paprika abgekühlt sind, werden sie einige Stunden zum Trocknen aufgehängt und dann bei max. 4°C gelagert.

FEURIGE PUTENFLEISCHWURST

Material für 2,5 kg Feurige Putenfleischwurst

- 1,2 kg Putenkeule ohne Knochen
- 0,8 kg Schweinerückenspeck, gut gekühlt
- 0,5 kg Eisschnee

Gewürze und Zutaten

- 60 g Nitritpökelsalz
- 3,0 g Pfeffer, gemahlen
- 3,0 g Cayennepfeffer
- 1,0 g Koriander, gemahlen
- 1,0 g Kurkuma, gemahlen
- 1,0 g Muskat, gemahlen

Herstellung

Das frisch geschlachtete Putenfleisch in Stücke schneiden, durch die 2mm - Scheibe des Wolfes lassen und dann zur weiteren Zerkleinerung einige Runden im langsamen Gang kuttern.
Dann gibt man langsam 2/3 des Eisschnees dazu und kuttert das Brät bindig.
Dabei sollte die Temperatur von 3°C nicht überschritten werden.
Danach wird der gut gekühlte, zuvor durch die 2mm - Scheibe gewolfte Rückenspeck langsam untergekuttert, der restliche Eisschnee zugegeben und das Brät im schnellsten Gang bis zur Temperatur von 10°C fertig gekuttert.
Dabei müssen die Gewürze und Zutaten so rechtzeitig zugegeben werden, dass sie sich noch gut mit dem Brät vermischen.
Anschließend lässt man das Brät noch solange im langsamen Gang laufen, bis die Brättemperatur auf 12°C angestiegen ist.
Dadurch kann überschüssige Luft entweichen und spätere Fehler in der fertigen Wurst werden vermieden.
Die Masse füllt man dann in Rinderkranzdärme, bindet einzelne Ringe ab und brüht sie ca. 45 Minuten in 75° C heißem Wasser
Danach werden sie ein paar Minuten zum Abkühlen in kaltes Wasser gelegt.
Wenn die Feurigen Putenfleischwürste abgekühlt sind, werden sie einige Stunden zum Trocknen aufgehängt und dann bei max. 4°C gelagert.

So wird „Bierschinken" hergestellt:

Die Schweineschulter wolfen.

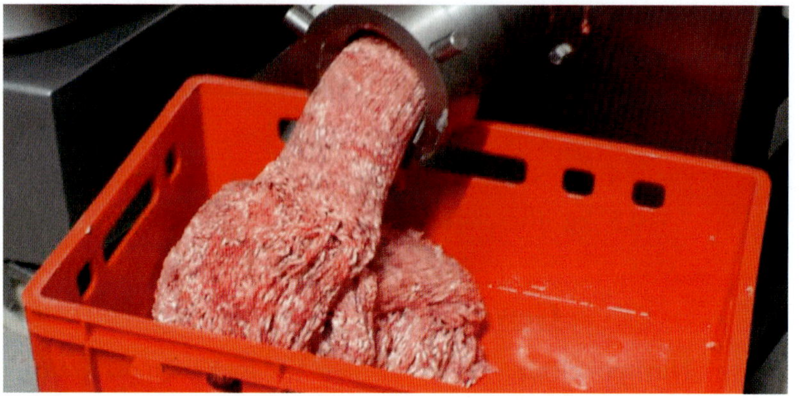

Und danach mit 2/3 des Eisschnees…

…bindig kuttern.

So wird „Bierschinken" hergestellt:

Den gut gekühlten Speck ebenfalls wolfen...

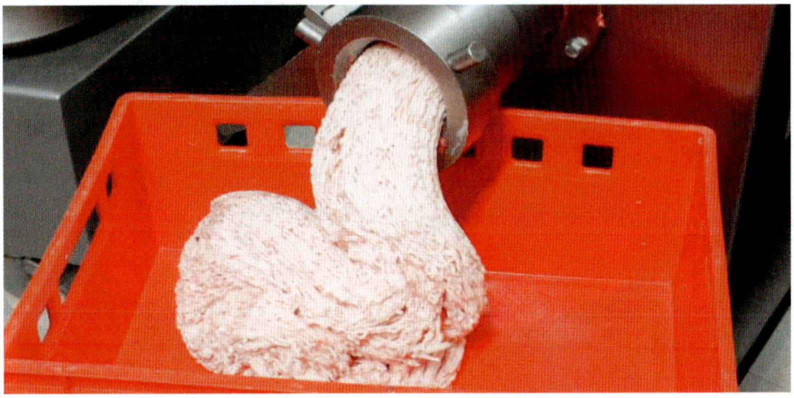

...langsam unterkutttern und das restliche Eis zugeben.

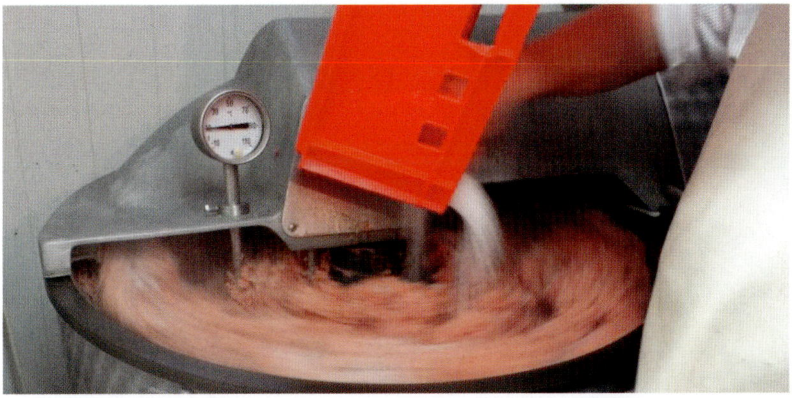

Das Brät bis 10°C fertig kuttern und dabei würzen.

So wird „Bierschinken“ hergestellt:

Das fertige Brät noch langsam bis 12°C kuttern...

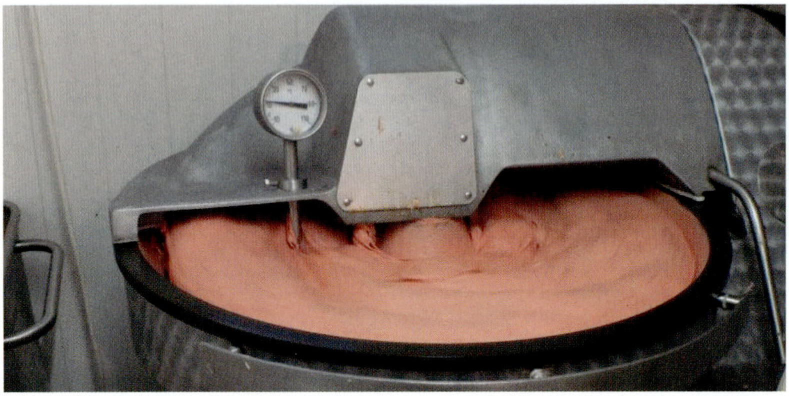

...danach herausnehmen

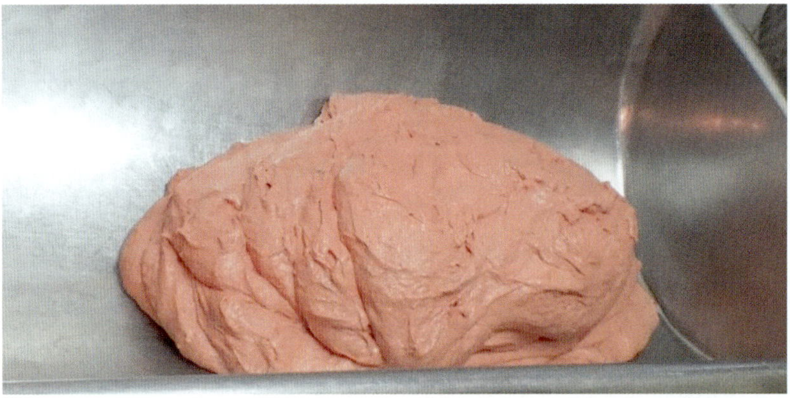

...und zu den gepökelten Schulterwürfeln geben.

So wird „Bierschinken“ hergestellt:

Dann alles im Menger oder per Hand vermengen…

…in einen Kunstdarm mit 90mm Durchmesser füllen

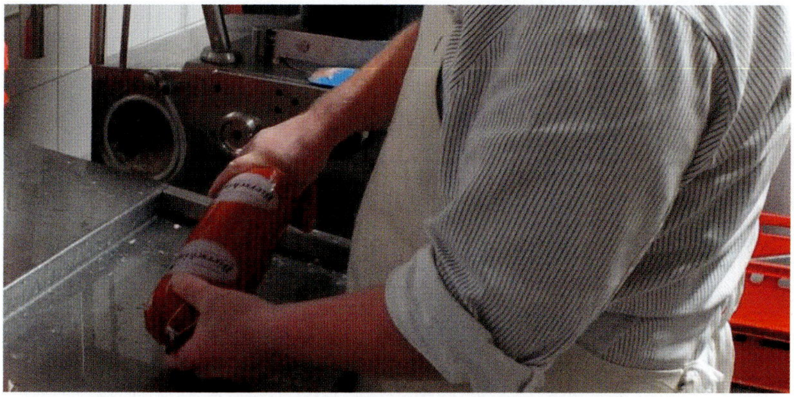

…und den Bierschinken abbinden.

BIERSCHINKEN

Material für 2,5 kg Bierschinken

- 1,0 kg Schweineschulter ohne Knochen, leicht gepökelt
- 0,7 kg Schweineschulter ohne Knochen
- 0,5 kg Schweinerückenspeck, gut gekühlt
- 0,3 kg Eisschnee

Gewürze und Zutaten

- 40 g Nitritpökelsalz
- 2,0 g Pfeffer, gemahlen
- 1,0 g Muskat, gemahlen
- 1,0 g Ingwer, gemahlen
- 1,0 g Koriander, gemahlen

Herstellung

Die frisch geschlachtete, **nicht gepökelte** Schweineschulter in Stücke schneiden, durch die 2mm - Scheibe des Wolfes lassen und dann zur weiteren Zerkleinerung einige Runden im langsamen Gang kuttern.
Dann gibt man langsam 2/3 des Eisschnees dazu und kuttert das Brät bindig.
Dabei sollte die Temperatur von 3°C nicht überschritten werden.
Danach wird der gut gekühlte, zuvor durch die 2mm - Scheibe gewolfte Rückenspeck langsam untergekuttert, der restliche Eisschnee zugegeben und das Brät im schnellsten Gang bis zur Temperatur von 10°C fertig gekuttert.
Dabei müssen die Gewürze und Zutaten so rechzeitig zugegeben werden, dass sie sich noch gut mit dem Brät vermischen.
Anschließend lässt man das Brät noch solange im langsamen Gang laufen, bis die Brättemperatur auf 12°C angestiegen ist und mengt dann per Hand oder mit Hilfe einer Mengmaschine die zuvor in 2cm große Würfel geschnittene, **gepökelte** Schweineschulter unter.
Die Masse füllt man danach in einen Kunstdarm mit 90mm Durchmesser und brüht den Bierschinken nach dem Abbinden ca. 2 Stunden in 75° C heißem Wasser
Anschließend wird er ein paar Miuten zum Abkühlen in kaltes Wasser gelegt, einige Stunden zum Trocknen aufgehängt und dann bei max. 4°C gelagert.

MORTADELLA MIT PISTAZIEN

Material für 2,5 kg Mortadella

- 1,0 kg Schweineschulter ohne Knochen
- 0,5 kg Rinderschulter ohne Knochen
- 0,6 kg Schweinerückenspeck, gut gekühlt
- 0,4 kg Eisschnee

Gewürze und Zutaten

- 55 g Nitritpökelsalz
- 3,0 g weißer Pfeffer, gemahlen
- 2,0 g Paprikapulver, edelsüß
- 1,0 g Macis, gemahlen
- 40 g Pistazienkerne, geschält
- 4 cl trockener Rotwein
- ½ Knoblauchzehe, gepresst

Herstellung

Das frisch geschlachtete Schweine- und Rindfleisch in Stücke schneiden, durch die 2mm - Scheibe des Wolfes lassen und dann zur weiteren Zerkleinerung einige Runden im langsamen Gang kuttern.
Dann gibt man langsam 2/3 des Eisschnees dazu und kuttert das Brät bindig. Dabei sollte die Temperatur von 3°C nicht überschritten werden.
Danach wird der gut gekühlte, zuvor durch die 2mm - Scheibe gewolfte Rückenspeck langsam untergekuttert, der restliche Eisschnee zugegeben und das Brät im schnellsten Gang bis zur Temperatur von 10°C fertig gekuttert.
Dabei müssen die Gewürze und Zutaten (außer den Pistazienkernen) so rechzeitig zugegeben werden, dass sie sich noch gut mit dem Brät vermischen.
Anschließend lässt man das Brät noch solange im langsamen Gang laufen, bis die Brättemperatur auf 12°C angestiegen ist.
Die Pistazienkerne sind dabei erst in der letzten Kutterrunde zuzugeben, damit sie in der fertigen Wurst noch gut sichtbar sind.
Die Masse füllt man danach in einen Kunstdarm mit 90mm Durchmesser und brüht die Mortadella mit Pistazien nach dem Abbinden ca. 2 Stunden in 75° C heißem Wasser
Anschließend wird sie ein paar Minuten zum Abkühlen in kaltes Wasser gelegt, einige Stunden zum Trocknen aufgehängt und dann bei max. 4°C gelagert.

FLEISCHKÄSE MIT CHAMPIGNONS

Material für 2,5 kg Fleischkäse

- 0,8 kg Rinderschulter ohne Knochen
- 0,6 kg Schweinenacken ohne Knochen
- 0,6 kg Schweinerückenspeck, gut gekühlt
- 0,5 kg Eisschnee

Gewürze und Zutaten

- 65 g Nitritpökelsalz
- 3,0 g weißer Pfeffer, gemahlen
- 2,0 g Zucker
- 1,5 g Ingwer, gemahlen
- 1,0 g Kardamon, gemahlen
- 50 g Champignon (Dose)

Herstellung

Das frisch geschlachtete Rind- und Schweinefleisch in Stücke schneiden, durch die 2mm - Scheibe des Wolfes lassen und dann zur weiteren Zerkleinerung einige Runden im langsamen Gang kuttern.
Dann gibt man langsam 2/3 des Eisschnees dazu und kuttert das Brät bindig.
Dabei sollte die Temperatur von 3°C nicht überschritten werden.
Danach wird der gut gekühlte, zuvor durch die 2mm - Scheibe gewolfte Rückenspeck langsam untergekuttert, der restliche Eisschnee zugegeben und das Brät im schnellsten Gang bis zur Temperatur von 10°C fertig gekuttert.
Dabei müssen die Gewürze und Zutaten (außer den Campignons) so rechtzeitig zugegeben werden, dass sie sich noch gut mit dem Brät vermischen.
Anschließend lässt man das Brät noch solange im langsamen Gang laufen, bis die Brättemperatur auf 12°C angestiegen ist.
Die in dünne Scheiben geschnittenen Champignons sind dabei erst in der letzten Kutterrunde zuzugeben, damit sie im fertigen Fleischkäse noch gut sichtbar sind.
Die Masse füllt man dann in eine mit Backpapier ausgeschlagene Kastenform passender Größe, streicht sie glatt und legt ein Schweinenetz darüber.
Danach wird die Form in einen auf 200°C vorgeheizten Backofen gestellt und der Fleischkäse 1,5 - 2 Stunden gebacken.
Ob er gar ist, kann durch das Hineinstechen mit einer dünnen Nadel geprüft werden. Bleibt beim Herausziehen nichts von der Masse an der Nadel hängen, ist er fertig gebacken.
Wenn der Fleischkäse mit Champignons abgekühlt ist wird er durch Anheben des Backpapiers aus der Form genommen und dann bei max. 4°C gelagert.

PIZZA - FLEISCHKÄSE

Material für 2,5 kg Pizza - Fleischkäse

- 0,8 kg Schweineschulter ohne Knochen
- 0,7 kg Rinderschulter ohne Knochen
- 0,5 kg Schweinerückenspeck, gut gekühlt
- 0,5 kg Eisschnee

Gewürze und Zutaten

- 55 g Nitritpökelsalz
- 3,0 g Pfeffer, gemahlen
- 1,0 g Macis, gemahlen
- 45 g rote Paprikaschote
- 45 g Gouda - Käse, klein gewürfelt
- 20 g Zwiebeln, klein gewürfelt

Herstellung

Das frisch geschlachtete Schweine- und Rindfleisch in Stücke schneiden, durch die 2mm - Scheibe des Wolfes lassen und dann zur weiteren Zerkleinerung einige Runden im langsamen Gang kuttern.
Dann gibt man langsam 2/3 des Eisschnees dazu und kuttert das Brät bindig. Dabei sollte die Temperatur von 3°C nicht überschritten werden.
Danach wird der gut gekühlte, zuvor durch die 2mm - Scheibe gewolfte Rückenspeck langsam untergekuttert, der restliche Eisschnee zugegeben und das Brät im schnellsten Gang bis zur Temperatur von 10°C fertig gekuttert.
Dabei müssen die Gewürze und Zutaten (außer Paprika und Käse) so rechtzeitig zugegeben werden, dass sie sich noch gut mit dem Brät vermischen.
Anschließend lässt man das Brät noch solange im langsamen Gang laufen, bis die Brättemperatur auf 12°C angestiegen ist.
Die klein gewürfelte Paprika und der Gouda - Käse sind dabei erst in der letzten Kutterrunde zuzugeben, damit sie im fertigen Fleischkäse noch gut sichtbar sind.
Die Masse füllt man dann in eine mit Backpapier ausgeschlagene Kastenform passender Größe, streicht sie glatt und legt ein Schweinenetz darüber.
Danach wird die Form in einen auf 200°C vorgeheizten Backofen gestellt und der Pizza - Fleischkäse 1,5 - 2 Stunden gebacken.
Ob er gar ist, kann durch das Hineinstechen mit einer dünnen Nadel geprüft werden. Bleibt beim Herausziehen nichts von der Masse an der Nadel hängen, ist er fertig gebacken.
Wenn der Pizza - Fleischkäse abgekühlt ist wird er durch Anheben des Backpapiers aus der Form genommen und dann bei max. 4°C gelagert.

So wird „Thüringer Bratwurst“ hergestellt:

Den Speck…

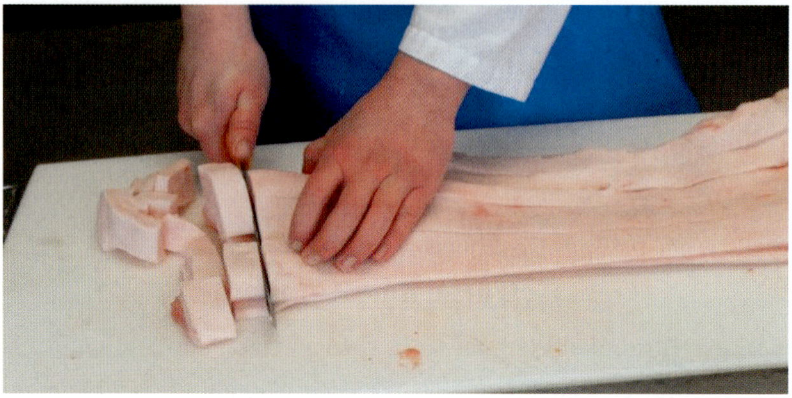

…und die Schweineschulter zuschneiden.

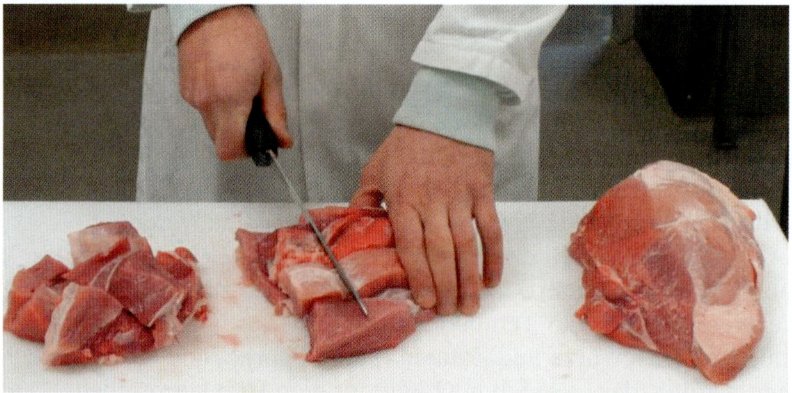

Das Material gut mit den Gewürzen vermengen…

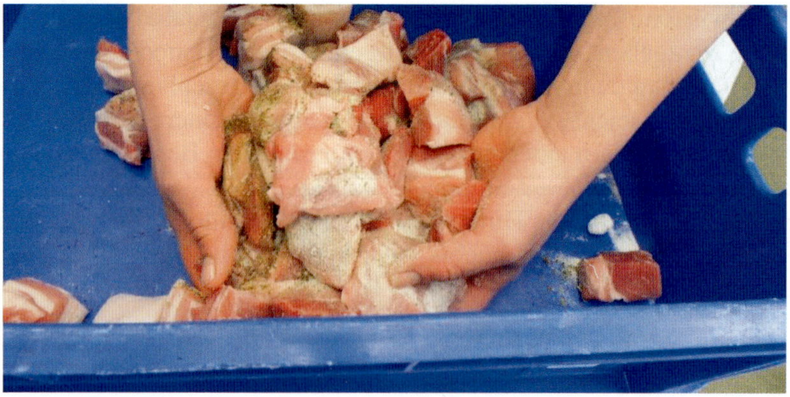

So wird „Thüringer Bratwurst“ hergestellt:

...und durch den Wolf lassen.

Die Bratwurstmasse in enge Schweinedärme abfüllen...

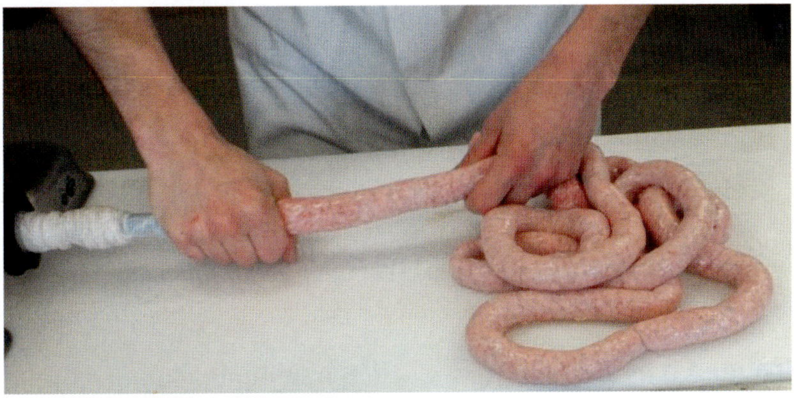

...und einzelne Würste abdrehen.

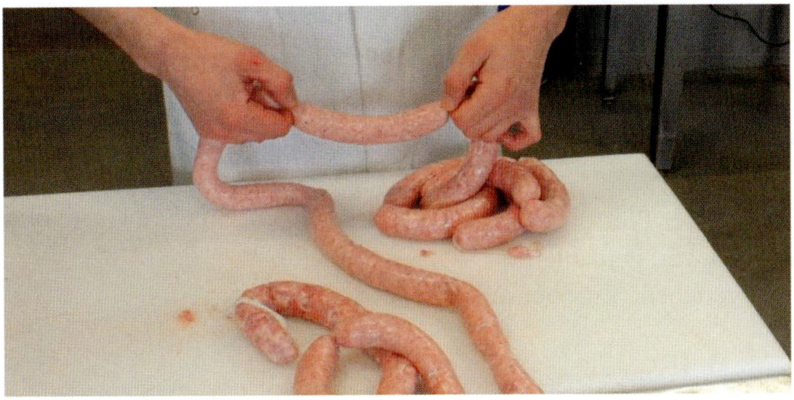

THÜRINGER BRATWURST

Material für 2,0 kg Bratwurst:

Fleisch

- 1,2 kg Schweineschulter
- 0,8 kg Nackenspeck vom Schwein

Gewürze und Zutaten

- 44 g Salz
- 6,0 g weißer Pfeffer, gemahlen
- 2,0 g Kümmel, gemahlen
- 1,0 g Majoran, gerebelt

Herstellung:

Das Fleisch und den Speck in 2cm große Würfel schneiden, mit den Gewürzen und Zutaten vermischen und durch die 3mm - Scheibe des Wolfes lassen.
Die Masse anschließend gut vermengen, in enge Schweinedärme mit einem Kaliber von 26/28 füllen und Würste mit einem Stückgewicht von 120g abdrehen.

FEINE KALBSBRATWURST

Material für 2,0 kg Bratwurst:

Fleisch

- 1,0 kg Kalbsschulter
- 1,0 kg Kalbsdünnung

Gewürze und Zutaten

- 42 g Salz
- 6,0 g weißer Pfeffer, gemahlen
- 1,0 g Ingwer, gemahlen
- 1,0 g geriebene Zitronenschale

Herstellung:

Die Fleisch in 2cm große Würfel schneiden, mit den Gewürzen und Zutaten vermischen und zweimal durch die 2mm Scheibe des Wolfes lassen.
Die Masse anschließend gut vermengen, in Schafsaitlinge mit einem Kaliber von 20/22 füllen und Würste mit einem Stückgewicht von 80g abdrehen.

BIERBRATWURST

Material für 2,0 kg Bratwurst:

Fleisch

- 0,9 kg Schweinenacken
- 0,5 kg Rinderschulter
- 0,6 kg fetter Schweinebauch

Gewürze und Zutaten

- 42 g Salz
- 6,0 g weißer Pfeffer, gemahlen
- 1,0 g Macis, gemahlen
- 0,1 L Schwarzbier

Herstellung:

Das Fleisch in 2cm große Würfel schneiden, mit den Gewürzen und Zutaten vermischen und durch die 2mm - Scheibe des Wolfes lassen. Dann das Schwarzbier zugeben und die Masse solange vermengen, bis sie gut gebunden ist.
Anschließend erfolgt die Abfüllung in enge Schweinedärme mit einem Kaliber von 24/26 und das Abdrehen von 100g schweren Würsten

ZWIEBELBRATWURST

Material für 2,0 kg Bratwurst:

Fleisch

- 1,0 kg Schweineschulter
- 1,0 kg fetter Schweinebauch

Gewürze und Zutaten

- 42 g Salz
- 6,0 g Pfeffer, gemahlen
- 1,0 g Piment, gemahlen
- 40 g Zwiebeln, gedünstet

Herstellung:

Das Fleisch in 2cm große Würfel schneiden, mit den Gewürzen und Zutaten vermischen, durch die 5mm-Scheibe des Wolfes lassen und alles gut vermengen.
Die Masse in Schafssaitlinge mit einem Kaliber von 24/26 füllen und Würste mit einem Stückgewicht von 100g abdrehen.

KÄSEGRILLER

Material für 2,0 kg Bratwurst:

Fleisch

- 1,0 kg Schweineschulter
- 0,2 kg Schweineoberschale
- 0,8 kg Schulterspeck vom Schwein

Gewürze und Zutaten

- 44 g Salz
- 6,0 g weißer Pfeffer, gemahlen
- 1,0 g Macis, gemahlen
- 1,0 g Koriander, gemahlen
- 60 g Emmentaler Käse

Herstellung:

Das Fleisch in 2cm große Würfel schneiden, mit den Gewürzen und Zutaten vermischen, durch die 3mm - Scheibe des Wolfes lassen und alles gut vermengen.
Danach den klein gewürfelten Käse vorsichtig untermengen, die Masse in enge Schweinedärme mit einem Kaliber von 26/28 abfüllen und Würste mit einem Stückgewicht von 120g abdrehen.

GYROS - BRATWURST

Material für 2,0 kg Bratwurst:

Fleisch

- 1,2 kg Schweinenacken
- 0,8 kg Rückenspeck vom Schwein

Gewürze und Zutaten

- 10 g Salz
- 15 g Gyrosgewürz
- 2,0 g weißer Pfeffer, gemahlen
- 20 g Zwiebeln, gedünstet

Herstellung:

Das Fleisch in 2cm große Würfel schneiden, mit den Gewürzen und Zutaten vermischen, durch die 3mm - Scheibe des Wolfes lassen und alles gut vermengen.
Die Masse in Schafssaitlinge mit einem Kaliber von 22/24 abfüllen und Würste mit einem Stückgewicht von 100g abdrehen.

GEFLÜGELBRATWURST

Material für 2,0 kg Bratwurst:

Fleisch

- 0,9 kg Putenbrustfilet
- 0,6 kg Hähnchenbrustfilet
- 0,5 kg Hähnchenfett

Gewürze und Zutaten

- 42 g Salz
- 6,0 g weißer Pfeffer, gemahlen
- 1,0 g Ingwer, gemahlen
- 1,0 g Macis, gemahlen

Herstellung:

Das Fleisch in 2cm große Würfel schneiden, mit den Gewürzen und Zutaten vermischen, durch die 2mm - Scheibe des Wolfes lassen und alles gut vermengen.
Die Masse in Schafssaitlinge mit einem Kaliber von 20/22 abfüllen und Würste mit einem Stückgewicht von 60g abdrehen.

WILDRÖSTER

Material für 2,0 kg Bratwurst:

Fleisch

- 1,0 kg Wildschweinrücken
- 0,5 kg Hirschrücken
- 0,5 kg Rückenspeck vom Schwein

Gewürze und Zutaten

- 42 g Salz
- 6,0 g Pfeffer, gemahlen
- 2,0 g Majoran, gerebelt
- 1,0 g Muskat, gemahlen

Herstellung:

Das Fleisch in 2cm große Würfel schneiden, mit den Gewürzen und Zutaten vermischen, durch die 2mm - Scheibe des Wolfes lassen und alles gut vermengen.
Danach die Masse in enge Schweinedärme mit einem Kaliber von 26/28 füllen und einzelne Würste mit einem Stückgewicht von 100g abdrehen.

CHICKEN - JALAPEÑO - BRATWURST

Material für 2,0 kg Bratwurst:

Fleisch

- 1,2 kg Hähnchenbrustfilet
- 0,8 kg fetter Schweinebauch

Gewürze und Zutaten

- 42 g Salz
- 4,0 g weißer Pfeffer, gemahlen
- 2,0 g Paprikapulver, edelsüß
- 15 g frische Jalapeño
- 1 EL Dijon - Senf

Herstellung:

Das Fleisch in 2cm große Würfel schneiden, mit dem Paprikapulver, Salz und Pfeffer vermischen, durch die 3mm - Scheibe des Wolfes lassen und alles gut mit dem Dijon - Senf vermengen.
Danach die entkernten und fein gehackten Jalapeños vorsichtig untermengen, die Masse in Schafs-saitlinge mit einem Kaliber von 22/24 füllen und einzelne Würste mit einem Stückgewicht von 100g abdrehen.

HERBSÜSSE IBERICO - BRATWURST

Material für 2,0 kg Bratwurst:

Fleisch

- 1,4 kg Backen vom Ibericoschwein
- 0,6 kg Rückenspeck vom Schwein

Gewürze und Zutaten

- 42 g feines Meersalz
- 4,0 g Pfeffer, gemahlen
- 3,0 g Zimt, gemahlen
- 30 g getrocknete Apfelringe
- 26 g Haselnüsse, gehackt

Herstellung:

Das Fleisch in 2cm große Würfel schneiden, mit dem Meersalz, Zimt und Pfeffer vermischen und durch die 2mm - Scheibe des Wolfes lassen.
Die Masse danach gut mit den in kleine Stücke geschnittenen Apfel-ringen und Haselnüssen vermengen, in enge Schweinedärme mit einem Kaliber von 24/26 füllen und Würste mit einem Stückgewicht von 100g abdrehen.

DUROC - BRATWURST MIT OLIVEN

Material für 2,0 kg Bratwurst:

Fleisch

- 1,2 kg Hähnchenbrustfilet
- 0,8 kg fetter Schweinebauch

Gewürze und Zutaten

- 38 g feines Meersalz
- 4,0 g weißer Pfeffer, gemahlen
- 4 Blätter Basilikum, gehackt
- 4 grüne Oliven, gehackt
- 4 schwarze Oliven, gehackt

Herstellung:

Das Fleisch in 2cm große Würfel schneiden, mit dem Meersalz und Pfeffer vermischen und durch die 2mm - Scheibe des Wolfes lassen. Die Masse danach gut mit dem Basilikum und den Oliven vermengen, in Schafssaitlinge mit einem Kaliber von 24/26 füllen und Würste mit einem Stückgewicht von 80g abdrehen.

MAROKKANISCHE LAMMBRATWURST

Material für 2,0 kg Bratwurst:

Fleisch

- 1,4 kg Lammschulter
- 0,6 kg Rückenspeck vom Schwein

Gewürze und Zutaten

- 44 g Salz
- 4,0 g Pfeffer, gemahlen
- 3,0 g Knoblauchpulver
- 3,0 g Paprikapulver, edelsüß
- 1,2 g Harissa (Gewürzpaste)

Herstellung:

Das Fleisch in 2cm große Würfel schneiden, mit dem Salz, Pfeffer, Knoblauch- und Paprikapulver vermischen und durch die 2mm - Scheibe des Wolfes lassen.
Die Masse danach gut mit der Gewürzpaste Harissa vermengen, in enge Schweinedärme mit einem Kaliber von 28/30 füllen und Würste mit einem Stückgewicht von 100g abdrehen.

ROHWÜRSTE

ROHWÜRSTE ALLGEMEIN

Rohwürste werden aus ungekochtem Material hergestellt und meist auch roh verzehrt.

Ihre typische Farbe erhalten sie durch das Umröten und ihren unverkennbaren Geschmack durch das Kalträuchern.

Aufgrund des anschließenden Reifungsprozesses, der je nach Wurstsorte von einem Tag bis zu mehreren Monaten dauern kann, sind sie ungekühlt über einen längeren Zeitraum lagerfähig.

MATERIALAUSWAHL

Für die Rohwurstherstellung sollte ausschließlich das Fleisch älterer Tiere verwendet werden, da es fest und trocken ist.

Am besten geeignet ist das Fleisch von Sauen, kastrierten Ebern, Kühen, alten Bullen und Ochsen.

Es ist unbedingt darauf zu achten nur völlig ausgeruhte Tiere zu schlachten, da das Fleisch gestresster Tiere blass, weich und wässrig werden kann.

Unterschieden werden schnittfeste und streichfähige Rohwürste.

SCHNITTFESTE ROHWÜRSTE

Bei der Herstellung schnittfester Rohwürste wird das Fettmaterial nur grob zerkleinert.

Dadurch verbindet es sich nicht sehr stark mit dem Magerfleisch und ist sichtbarer in der fertigen Wurst.

Zur Vermeidung von Fehlern im fertigen Endprodukt muss das Material genügend gereift sein. Deshalb sollten zwischen dem Schlachten und der Verarbeitung mindestens 48 Stunden vergangen sein.

Durch den anschließenden, mit der Austrocknung der Wurst verbundenen Reifungsprozess, können schnittfeste Rohwürste lange ungekühlt gelagert werden.

VORBEREITUNG DES FETTMATERIALS

Als Fettmaterial sollte nur kerniger und gut entschwarteter Schweinespeck vom Rücken, Nacken oder der Schulter verwendet werden, den man vorher in 5 mm dicke Scheiben schneidet und 1 - 2 Tage bei einer Temperatur von mindestens -18°C einfriert.

SCHNITTFESTE ROHWÜRSTE

VORBEREITUNG DES MAGERFLEISCHS

Vom Magerfleisch müssen alle Sehnen und blutigen Bestandteile entfernt werden.

Am besten eignet sich das Schinken- und Schulterfleisch vom Schwein sowie das Keulen- und Schulterfleisch vom Rind.

Um ein sauberes Schnittbild der fertigen Rohwurst zu erhalten, wird das Magerfleisch vor der Verarbeitung in Stücke geschnitten und 3 - 4 Stunden bei -18°C angefroren.

KUTTERN, WOLFEN UND ABFÜLLEN

Je nach Rezept lässt man das zuvor gewürzte Magerfleisch durch den Wolf oder kuttert es bei langsamer Geschwindigkeit solange unter Zugabe der Gewürze, bis es etwas gebunden ist.

Danach wird es entweder solange gut mit dem zuvor ebenfalls gewolften Speck vermengt bis die Masse gebunden ist oder der Speck wird bei höherer Geschwindigkeit bis zur gewünschten Körnung untergekuttert.

Beim Kuttern ist unbedingt darauf zu achten, dass die Temperatur der Rohwurstmasse höchstens 2°C beträgt.

Ansonsten muss sie nochmals gekühlt werden.

Anschließend füllt man die Rohwurstmasse möglichst luftfrei in Fettenden, Mitteldärme, Kranzdärme, Butten oder Kunstdärme.

Dünnere Rohwurstsorten wie z. B. Knacker werden auch in enge Schweinedärme gefüllt.

Um Fehler in der fertigen Wurst zu vermeiden muss das Füllen bei einigen Sorten so straff erfolgen, wie es die Haltbarkeit des Darms zulässt.

Wenn die Temperatur der Rohwurstmasse während dieses Arbeitsschrittes auf über 4°C ansteigt, muss sie wieder herunter gekühlt werden

UMRÖTEN

Danach hängt man die in der gewünschten Länge abgebundenen Würste solange zum Umröten in einen 15°C - 20°C temperierten Raum mit guter Belüftung, bis die Wurstmasse rosarot durch den Darm scheint.

Ideal ist eine Luftfeuchtigkeit von 85% - 90%.

SCHNITTFESTE ROHWÜRSTE

RÄUCHERN

Wenn die Wurstmasse rosarot durch den Darm scheint, werden die schnittfesten Rohwürste solange kalt geräuchert, bis sie die gewünschte Farbe angenommen haben.

Die Räucherdauer richtet sich dabei nach dem Durchmesser (Kaliber) der verwendeten Därme, der Menge des verwendeten Nitritpökelsalzes und der Ausstattung des zur Verfügung stehenden Räucherofens.

Sie kann von einem Tag bis zu einer Woche betragen.

REIFUNG

Damit die Würste schnittfest werden, müssen sie hängend in einem dunklen, gut belüfteten und zwischen 12°C -15°C temperierten Raum reifen.

Feuchtigkeit und Durchzug sind dabei unbedingt zu vermeiden.

Die Reifedauer variiert von einigen Tagen bis zu mehreren Wochen und ist abhängig vom Durchmesser der Wurst, der Qualität des verarbeiteten Materials sowie den verwendeten Gewürzen und Zutaten.

STREICHFÄHIGE ROHWÜRSTE

Streichfähige Rohwürste haben einen höheren Fettanteil als schnittfeste Sorten.

Bei ihrer Herstellung wird das Fettgewebe mehr zerkleinert als bei schnittfester Rohwurst. Dadurch werden die ebenfalls zerkleinerten Fleischteilchen besser umhüllt, was die fertige Wurst letztendlich streichfähig macht.

Wegen ihrer geringen Austrocknung nach dem Umrötungsprozess sind streichfähige Rohwürste nicht so lange haltbar wie schnittfeste Sorten.

VORBEREITUNG DES MATERIALS

Vom Magerfleisch müssen alle Sehnen und blutigen Bestandteile entfernt werden.

Am besten geeignet sind Schinken-, Schulter- und mageres Bauchfleisch vom Schwein sowie Keulen- und Schulterfleisch vom Rind.

Als Fettmaterial sollte wegen seiner „schmalzigeren“ Eigenschaften fetter Schweinebauch, Wammen- oder Schinkenspeck verwendet werden.

Das gesamte Material ist vor der Verarbeitung in Stücke zu schneiden und auf eine Temperatur von 0°C - 1°C zu kühlen.

STREICHFÄHIGE ROHWÜRSTE

KUTTERN, WOLFEN UND ABFÜLLEN

Für feinere Rohwurstorten wird das Material durch die 2mm - Scheibe des Wolfes gelassen und dann zusammen mit den Gewürzen feingekuttert.

Danach gibt man das Salz dazu und kuttert alles solange, bis das Wurstbrät gut vermischt ist.

Soll eine grobere Sorte streichfähige Rohwurst hergestellt werden, wird das gesamte Material in der gewünschten Größe gewolft und anschließend mit den Gewürzen und Zutaten vermengt.

Aus der Rohwurstmasse formt man dann möglichst luftfreie Ballen und füllt sie in Fettenden, Mitteldärme, Kranzdärme, Butten oder Kunstdärme.

UMRÖTEN UND RÄUCHERN

Nach dem Abfüllen hängt man die einzeln und in der gewünschten Länge abgebundenen Würste mindestens einen Tag zum Umröten in einen 15°C - 20°C temperierten Raum mit guter Belüftung.

Ideal ist eine Luftfeuchtigkeit von 85% - 90%.

Wenn die Wurstmasse rosarot durch den Darm scheint werden die Würste solange bei ca. 20°C kalt geräuchert, bis sie die gewünschte Farbe angenommen haben.

LAGERUNG

Danach lagert man die streichfähigen Rohwürste hängend in einem 12°C - 15°C temperierten Raum mit einer Luftfeuchtigkeit von ca. 80%.

HERSTELLUNG GERÄUCHERTE BRATWÜRSTE

Entweder das gewürzte Material wolfen...

...oder Material mit Gewürzen und Speck bindig kuttern.

Wenn gewolft wurde, alles gut mit dem Speck vermengen.

HERSTELLUNG GERÄUCHERTE BRATWÜRSTE

Die Masse in Kranzdärme füllen, Ringe abbinden…

…und nach dem Umröten kalt räuchern.

Die fertigen geräucherten Bratwürste.

HAUSSCHLACHTEBRATWURST

Material für 2,5 kg Hausschlachtebratwurst

- 1,4 kg Schweinenacken ohne Knochen, angefroren
- 0,4 kg Schweineschulter ohne Knochen, angefroren
- 0,7 kg Schweinenackenspeck in dünnen Scheiben, gefroren

Gewürze und Zutaten

- 50 g Nitritpökelsalz
- 5,0 g Pfeffer, gemahlen
- 4,0 g Rohrzucker
- 2,0 g Paprikapulver, edelsüß

Herstellung

Das in Stücke geschnittene, gewürzte Schweinefleisch und die Speckscheiben nacheinander durch die 4mm - Scheibe wolfen, alles gut miteinander vermengen und die Masse in enge Schweinedärme mit Kaliber 28/30 füllen.
Die zu Ringen abgebundenen Würste dann solange zum Umröten in einen 15°C - 20°C temperierten Raum mit guter Belüftung und einer Luftfeuchtigkeit von 85% - 90% hängen, bis die Wurstmasse rosarot durch den Darm scheint.
Anschließend werden die Hausschlachtebratwürste 24 Stunden bei max. 20°C kalt geräuchert und müssen dann noch ca. 3 Tage hängend in einem 12°C -15°C temperierten, nicht zu trockenem Raum reifen.

GERÄUCHERTE BRATWURST MIT SENF

Material für 2,5 kg Geräucherte Bratwurst

- 1,1 kg Schweineschulter ohne Knochen, angefroren
- 0,5 kg magerer Schweinebauch ohne Knochen, angefroren
- 0,9 kg Schweinenackenspeck in dünnen Scheiben, gefroren

Gewürze und Zutaten

- 50 g Nitritpökelsalz
- 4,0 g weißer Pfeffer, gemahlen
- 4,0 g Rohrzucker
- 10 g gelbe Senfkörner

Herstellung

Das in Stücke geschnittene, gewürzte Schweinefleisch und die Speckscheiben nacheinander durch die 4mm - Scheibe des Wolfes lassen, alles gut miteinander vermengen und die Masse in Kranzdärme füllen.
Die einzeln abgebunden Ringe dann solange zum Umröten in einen 15°C - 20°C temperierten Raum mit guter Belüftung und einer Luftfeuchtigkeit von 85% - 90% hängen, bis die Wurstmasse rosarot durch den Darm scheint.
Anschließend werden die Bratwürste mit Senf 24 Stunden bei max. 20°C kalt geräuchert und müssen dann noch ca. 2 Tage hängend in einem 12°C -15°C temperierten, nicht zu trockenem Raum reifen.

GERÄUCHERTE LUNGENWURST

Material für 2,5 kg Geräucherte Lungenwurst

- 0,9 kg Schweineschulter ohne Knochen, angefroren
- 0,6 kg Kalbsschulter ohne Knochen, angefroren
- 0,6 kg Schweinelunge, angefroren
- 0,4 kg Schweinerückenspeck in dünnen Scheiben, gefroren

Gewürze und Zutaten

- 55 g Nitritpökelsalz
- 6,0 g Pfeffer, gemahlen
- 4,0 g Rohrzucker
- 1,5 g Kardamom, gemahlen
- 1,5 g Majoran, gerebelt

Herstellung

Das in Stücke geschnittene, gewürzte Fleisch und die Speckscheiben nacheinander durch die 5mm - Scheibe und die in Stücke geschnittene Schweinelunge durch die 3mm - Scheibe des Wolfes lassen.
Danach wird das gesamte Material gut miteinander vermengt, in Kranzdärme gefüllt und einzelne Ringe abgebunden.
Die Ringe hängt man dann solange zum Umröten in einen 15°C - 20°C temperierten Raum mit guter Belüftung und einer Luftfeuchtigkeit von 85% - 90%, bis die Wurstmasse rosarot durch den Darm scheint.
Anschließend werden die Lungenwürste 24 Stunden bei max. 20°C kalt geräuchert und müssen dann noch 2 - 3 Tage hängend in einem 12°C -15°C temperierten, nicht zu trockenem Raum reifen.

PAPRIKAWURST

Material für 2,5 kg Paprikawurst

- 1,1 kg Schweineschulter ohne Knochen, angefroren
- 0,7 kg Rinderschulter ohne Knochen, angefroren
- 0,7 kg Schweinerückenspeck in dünnen Scheiben, gefroren

Gewürze und Zutaten

- 55 g Nitritpökelsalz
- 5,0 g Paprikapulver, edelsüß
- 4,0 g weißer Pfeffer, gemahlen
- 4,0 g Rohrzucker
- 1,0 g Ingwer, gemahlen

Herstellung

Das in Stücke geschnittene, gewürzte Fleisch und die Speckscheiben nacheinander durch die 3mm - Scheibe des Wolfes lassen, alles gut miteinander vermengen und die Masse in enge Schweinedärme mit Kaliber 24/26 füllen.
Die zu Ringen abgebundenen Würste dann solange zum Umröten in einen 15°C - 20°C temperierten Raum mit guter Belüftung und einer Luftfeuchtigkeit von 85% - 90% hängen, bis die Wurstmasse rosarot durch den Darm scheint.
Anschließend werden die Paprikawürste 24 Stunden bei max. 20°C kalt geräuchert und müssen dann noch 5 - 6 Tage hängend in einem 12°C -15°C temperierten, nicht zu trockenem Raum reifen.

RAUCHENDEN

Material für 2,5 kg Rauchenden

- 1,1 kg Schweineschulter ohne Knochen, angefroren
- 0,5 kg Rinderschulter ohne Knochen, angefroren
- 0,9 kg fetter Schweinebauch, angefroren

Gewürze und Zutaten

- 60 g Nitritpökelsalz
- 5,0 g weißer Pfeffer, gemahlen
- 4,0 g Rohrzucker
- 1,0 g Kriander, gemahlen
- 6,0 g gelbe Senfkörner

Herstellung

Das in Stücke geschnittene, gewürzte Fleisch und den Schweinebauch nacheinander durch die 4mm - Scheibe des Wolfes lassen.
Danach wird das gesamte Material gut miteinander vermengt, in enge Schweinedärme mit Kaliber 28/30 gefüllt und einzelne Würste mit einem Stückgewicht von 150g abgebunden.
Die Würste hängt man dann solange zum Umröten in einen 15°C - 20°C temperierten Raum mit guter Belüftung und einer Luftfeuchtigkeit von 85% - 90%, bis die Wurstmasse rosarot durch den Darm scheint.
Anschließend werden die Rauchenden 24 Stunden bei max. 20°C kalt geräuchert und müssen dann noch ca. 2 Tage hängend in einem 12°C - 15°C temperierten, nicht zu trockenem Raum reifen.

GERÄUCHERTE POLNISCHE ROHWURST

Material für 2,5 kg Polnische Rohwurst

- 1,3 kg Rinderschulter ohne Knochen, angefroren
- 1,2 kg fetter Schweinebauch ohne Knochen, angefroren

Gewürze und Zutaten

- 60 g Nitritpökelsalz
- 7,0 g Pfeffer, gemahlen
- 4,0 g Rohrzucker
- 1,0 g Koriander, gemahlen
- 2 Knoblauchzehen, gepresst

Herstellung

Das in Stücke geschnittene, gewürzte Rindfleisch durch die 3mm - Scheibe und den ebenfalls in Stücke geschnittenen Bauch durch die 5mm - Scheibe wolfen. Danach wird das Material gut miteinander vermengt, in enge Schweinedärme mit Kaliber 28/30 gefüllt und einzelne Würste mit einer Länge von 15cm - 20cm abgebunden.

Die Würste hängt man dann solange zum Umröten in einen 15°C - 20°C temperierten Raum mit guter Belüftung und einer Luftfeuchtigkeit von 85% - 90%, bis die Wurstmasse rosarot durch den Darm scheint.

Anschließend werden die Polnischen Rohwürste 48 Stunden bei max. 20°C kalt geräuchert und müssen dann noch 8 - 10 Tage hängend in einem 12°C -15°C temperierten, nicht zu trockenem Raum reifen.

PFEFFERBEISSER

Material für 2,5 kg Pfefferbeißer

- 1,0 kg Schweinenacken ohne Knochen, angefroren
- 0,9 kg Schweineschulter ohne Knochen, angefroren
- 0,6 kg Schweinerückenspeck in dünnen Scheiben, gefroren

Gewürze und Zutaten

- 50 g Nitritpökelsalz
- 4,0 g Pfeffer, fein geschrotet
- 3,0 g Pfeffer, gemahlen
- 3,0 g Rohrzucker
- 1,0 g Koriander, gemahlen

Herstellung

Das in Stücke geschnittene, gewürzte Fleisch und die Speckscheiben nacheinander durch die 3mm - Scheibe des Wolfes lassen.
Danach wird das gesamte Material gut miteinander vermengt, in enge Schweinedärme mit Kaliber 24/26 gefüllt und einzelne Würste mit einer Länge von ca. 20cm abgebunden.
Die Würste hängt man dann solange zum Umröten in einen 15°C - 20°C temperierten Raum mit guter Belüftung und einer Luftfeuchtigkeit von 85% - 90%, bis die Wurstmasse rosarot durch den Darm scheint.
Anschließend werden die Pfefferbeißer 24 Stunden bei max. 20°C kalt geräuchert und müssen dann noch 2 - 3 Tage hängend in einem 12°C -15°C temperierten, nicht zu trockenem Raum reifen.

LAMM - KNOBLAUCH - KNACKER

Material für 2,5 kg Lamm - Knoblauch - Knacker

- 1,0 kg Lammkeule ohne Knochen, angefroren
- 0,8 kg Lammrücken ohne Knochen, angefroren
- 0,7 kg Schweinerückenspeck in dünnen Scheiben, gefroren

Gewürze und Zutaten

- 60 g Nitritpökelsalz
- 5,0 g weißer Pfeffer, gemahlen
- 4,0 g Rohrzucker
- 1,0 g Macis, gemahlen
- 1 ½ Knoblauchzehen, gepresst

Herstellung

Das in Stücke geschnittene, gewürzte Fleisch und die Speckscheiben nacheinander durch die 4mm - Scheibe des Wolfes lassen.
Danach wird das gesamte Material gut miteinander vermengt, in enge Schweinedärme mit Kaliber 24/26 gefüllt und einzelne Würste mit einem Stückgewicht von 60g abgebunden.
Die Würste hängt man dann solange zum Umröten in einen 15°C - 20°C temperierten Raum mit guter Belüftung und einer Luftfeuchtigkeit von 85% - 90%, bis die Wurstmasse rosarot durch den Darm scheint.
Anschließend werden die Lamm - Knoblauch - Knacker 24 Stunden bei max. 20°C kalt geräuchert und müssen dann noch 3 - 4 Tage hängend in einem 12°C - 15°C temperierten, nicht zu trockenem Raum reifen.

CABANOSSI

Material für 2,5 kg Cabanossi

- 1,0 kg magerer Schweinebauch ohne Knochen, gefroren
- 1,0 kg fetter Schweinebauch ohne Knochen, gefroren
- 0,5 kg Rinderschulter ohne Knochen, gefroren

Gewürze und Zutaten

- 65 g Nitritpökelsalz
- 4,0 g Pfeffer, gemahlen
- 4,0 g Rohrzucker
- 6,0 g Paprikapulver, rosenscharf
- 3,0 g Paprikapulver, edelsüß

Herstellung

Zuerst die Hälfte des in grobe Stücke geteilten Bauchs in einen im langsamen Gang laufenden und auf den Gefrierpunkt heruntergekühlten Kutter geben und dann bis zur feinsten Körnung kuttern.
Die Gewürze und Zutaten sind dabei so rechtzeitig zuzugeben, dass sie sich noch gut mit der gekutterten Masse vermischen.
Danach den restlichen Bauch sowie das ebenfalls in grobe Stücke geteilte Rindfleisch zugeben und beides bis auf Erbsengröße mitkuttern.
Anschließend wird die Masse in enge Schweinedärme mit Kaliber 24/26 gefüllt und einzelne Würste mit einer Länge von 15cm - 20 cm abgebunden.
Die Würste hängt man dann solange zum Umröten in einen 15°C - 20°C temperierten Raum mit guter Belüftung und einer Luftfeuchtigkeit von 85% - 90%, bis die Wurstmasse rosarot durch den Darm scheint. Dann werden die Cabanossi 24 Stunden bei max. 20°C kalt geräuchert und müssen danach noch 3 - 4 Tage hängend in einem 12°C -15°C temperierten, nicht zu trockenem Raum reifen.

SALAMETTI

Material für 2,5 kg Salametti

- 1,1 kg Schweineschulter ohne Knochen, angefroren
- 0,7 kg Kuhschulter ohne Knochen, angefroren
- 0,7 kg Schweinerückenspeck in dünnen Scheiben, gefroren

Gewürze und Zutaten

- 65 g Nitritpökelsalz
- 5,0 g Pfeffer, gemahlen
- 4,0 g Rohrzucker
- 4,0 cl Merlot - Rotwein, trocken
- 1 Knoblauchzehe, gepresst

Herstellung

Das in Stücke geschnittene, gewürzte Kuhfleisch durch die 3mm - Scheibe und die ebenfalls in Stücke geschnittene Schweineschulter sowie die Speckscheiben nacheinander durch die 5mm - Scheibe des Wolfes lassen.
Danach wird das gesamte Material gut miteinander vermengt, in enge Schweinedärme mit Kaliber 24/26 gefüllt und einzelne Würste mit einer Länge von ca. 30 cm abgebunden.
Die Würste hängt man dann solange zum Umröten in einen 15°C - 20°C temperierten Raum mit guter Belüftung und einer Luftfeuchtigkeit von 85% - 90%, bis die Wurstmasse rosarot durch den Darm scheint.
Anschließend werden die Salametti 24 Stunden bei max. 20°C kalt geräuchert und müssen danach 7 - 8 Tage hängend in einem 12°C -15°C temperierten, nicht zu trockenem Raum reifen.

CERVELATWURST

Material für 2,5 kg Cervelatwurst

- 1,0 kg Schweineschulter ohne Knochen, gefroren
- 0,8 kg Rinderschulter ohne Knochen, gefroren
- 0,7 kg Schweinerückenspeck, gefroren

Gewürze und Zutaten

- 60 g Nitritpökelsalz
- 4,0 g Pfeffer, gemahlen
- 1,0 g Muskat, gemahlen
- 1,0 g Paprikapulver, edelsüß
- 1 TL Ahornsirup

Herstellung

Zuerst das in grobe Stücke geteilte Fleisch in einen im langsamen Gang laufenden und auf den Gefrierpunkt heruntergekühlten Kutter geben und dann bis zur feinsten Körnung kuttern. Danach den ebenfalls in grobe Stücke geteilten Speck zugeben und alles im schnellsten Gang bis zur feinsten Körnung fertig kuttern. Dabei sind die Gewürze und Zutaten so rechtzeitig zuzugeben, dass sie sich noch gut mit der Rohwurstmasse vermischen.
Dann wird die Masse in räucherbare Kunstdärme mit Kaliber 60 gefüllt und einzelne Würste mit einer Länge von 30cm - 40 cm abgebunden.
Die Würste hängt man danach solange zum Umröten in einen 15°C - 20°C temperierten Raum mit guter Belüftung und einer Luftfeuchtigkeit von 85% - 90%, bis die Wurstmasse rosarot durch den Darm scheint.
Anschließend werden die Cervelatwürste 24 Stunden bei max. 20°C kalt geräuchert und müssen dann noch 5 - 6 Tage hängend in einem 12°C -15°C temperierten, nicht zu trockenem Raum reifen.

SCHINKENPLOCKWURST

Material für 2,5 kg Schinkenplockwurst

- 1,0 kg Schweineoberschale, angefroren
- 0,9 kg Schweinebauch ohne Schwarte, angefroren
- 0,6 kg Rinderschulter ohne Knochen, angefroren

Gewürze und Zutaten

- 60 g Nitritpökelsalz
- 4,0 g weißer Pfeffer, gemahlen
- 1,0 g Kardamom, gemahlen
- 1 TL Blütenhonig

Herstellung

Das in Stücke geschnittene, gewürzte Rindfleisch durch die 3mm - Scheibe und die ebenfalls in Stücke geschnittene Schweineoberschale sowie den Bauch nacheinander durch die 5mm - Scheibe des Wolfes lassen.
Danach wird das gesamte Material gut miteinander vermengt, in räucherbare Kunstdärme mit Kaliber 60 gefüllt und einzelne Würste mit einer Länge von 30cm - 40cm abgebunden.
Die Würste hängt man danach solange zum Umröten in einen 15°C - 20°C temperierten Raum mit guter Belüftung und einer Luftfeuchtigkeit von 85% - 90%, bis die Wurstmasse rosarot durch den Darm scheint.
Anschließend werden die Schinkenplockwürste 24 Stunden bei max. 20°C kalt geräuchert und müssen dann noch 6 - 8 Tage hängend in einem 12°C -15°C temperierten, nicht zu trockenem Raum reifen.

WILDSALAMI

Material für 2,5 kg Wildsalami

- 1,0 kg Wildschweinkeule ohne Knochen, gefroren
- 0,8 kg Rehkeule ohne Knochen, gefroren
- 0,7 kg Schweinerückenspeck, gefroren

Gewürze und Zutaten

- 60 g Nitritpökelsalz
- 5,0 g Pfeffer, gemahlen
- 4,0 g Rohrzucker
- 1,0 g Koriander, edelsüß
- 1,0 g Ingwer, gemahlen
- 2 cl Cognac

Herstellung

Zuerst das in grobe Stücke geteilte Wildschweinfleisch in einen im langsamen Gang laufenden und auf den Gefrierpunkt heruntergekühlten Kutter geben und dann bis zur feinsten Körnung kuttern. Danach das ebenfalls in grobe Stücke geteilte Rehfleisch sowie den Speck zugeben und alles solange weiter kuttern, bis der Speck noch gut sichtbar ist.
Dabei sind die Gewürze und Zutaten so rechtzeitig zuzugeben, dass sie sich noch gut mit der Rohwurstmasse vermischen.
Dann wird die Masse in räucherbare Kunstdärme mit Kaliber 60 gefüllt und einzelne Würste mit einer Länge von 30cm - 40 cm abgebunden.
Die Würste hängt man danach solange zum Umröten in einen 15°C - 20°C temperierten Raum mit guter Belüftung und einer Luftfeuchtigkeit von 85% - 90%, bis die Wurstmasse rosarot durch den Darm scheint. Danach werden die Salami 24 Stunden bei max. 20°C kalt geräuchert und müssen dann noch 5 - 6 Tage hängend in einem 12°C -15°C temperierten, nicht zu trockenem Raum reifen.

PIKANTE GEFLÜGELSALAMI

Material für 2,5 kg Geflügelsalami

- 0,9 kg Putenbrust, gefroren
- 0,8 kg Hähnchenbrust, gefroren
- 0,8 kg Schweinerückenspeck, gefroren

Gewürze und Zutaten

- 60 g Nitritpökelsalz
- 4,0 g weißer Pfeffer, gemahlen
- 4,0 g Rohrzucker
- 3,0 g Cayennepfeffer
- 1,0 g Koriander, gemahlen
- 2 cl trockener Rotwein

Herstellung

Zuerst das in grobe Stücke geteilte Putenfleisch in einen im langsamen Gang laufenden und auf den Gefrierpunkt heruntergekühlten Kutter geben und dann bis zur feinsten Körnung kuttern. Danach das ebenfalls in grobe Stücke geteilte Hähnchenfleisch sowie den Speck zugeben und alles solange weiter kuttern, bis der Speck noch gut sichtbar ist.
Dabei sind die Gewürze und Zutaten so rechtzeitig zuzugeben, dass sie sich noch gut mit der Rohwurstmasse vermischen.
Dann wird die Masse in räucherbare Kunstdärme mit Kaliber 60 gefüllt und einzelne Würste mit einer Länge von 30cm - 40 cm abgebunden.
Die Würste hängt man danach solange zum Umröten in einen 15°C - 20°C temperierten Raum mit guter Belüftung und einer Luftfeuchtigkeit von 85% - 90%, bis die Wurstmasse rosarot durch den Darm scheint. Danach werden die Salami 24 Stunden bei max. 20°C kalt geräuchert und müssen dann noch 5 - 6 Tage hängend in einem 12°C -15°C temperierten, nicht zu trockenem Raum reifen.

KOCHWURSTFEHLER UND IHRE URSACHEN

QUALITÄTSMÄNGEL BEI FERTIGEN LEBERWÜRSTEN

- dunkle Farbe → zu hoher Anteil an Rinderleber
- alter Geschmack → kein frisches Material verwendet
- saurer Geschmack → Verwendung von rohen Zwiebeln
  → keine frische Leber verwendet
  → ungenügendes Durchgaren der Innereien
  → Kerntemperatur unter 70°C
- Fettabsatz → zu wenig Leber verarbeitet
  → ungenügende Emulsion
- bröselige, trockene Konsistenz → zu niedriger Fettanteil
  → Material zu stark vorgegart
- schmierige Wursthülle → die gegarten Leberwürste kamen zu feucht in den Kühlraum

QUALITÄTSMÄNGEL BEI FERTIGEN BLUTWÜRSTEN

- blutige Speckwürfel → ungenügendes Brühen der Würfel
  → Material wurde zu kalt verarbeitet
  → Wurst wurde bei zu niedriger Temperatur gegart
- Einlage fällt heraus → Fettfilm um die Einlage behindert die Bindung
- fauliger Geschmack → Blut war nicht frisch genug
- Konsistenz wie Gummi → zu hoher Schwartenanteil
- zu bröckelige und weiche Konsistenz → Schwarten wurden zu weich gekocht

KOCHWURSTFEHLER UND IHRE URSACHEN

QUALITÄTSMÄNGEL BEI FERTIGEN SÜLZWÜRSTEN

- Wursteinlage ungleichmäßig verteilt → unsachgemäße Abkühlung
- Konsistenz wie Gummi → zu hoher Schwartenanteil
- zu bröckelige und weiche Konsistenz
  → Schwarten wurden zu weich gekocht
  → der Aspikanteil ist zu gering
  → die kesselheiße Wurst wurde zu schnell und stark abgekühlt

BRÜHWURSTFEHLER UND IHRE URSACHEN

- ungenügende Farbhaltung
  → zu kurze Umrötungszeit
  → ungenügendes Brühen
- grauer Wurstkern → ungenügende Umrötung
- grau-grüne Stellen im Wurstkern → zu heiß geräuchert
- Rauchflecke am unteren Zipfel bei Würstchen → Würstchen wurden zu feucht in den Heißrauch gehängt
- grüne Flecken im Anschnitt
  → erste Anzeichen bakterieller Zersetzung
  → mangelhaftes Material
  → Brühtemperatur zu niedrig
  → Wurst wurde nicht lange genug gebrüht
  → nach dem Brühen zu langes Abschrecken in kaltem Wasser

BRÜHWURSTFEHLER UND IHRE URSACHEN

• Fett- und Geleeabsatz	→	Material zu lange gekuttert
	→	zu viel Speck verwendet
	→	zu viel Schüttung verwendet
	→	zu hohe Brühtemperatur
	→	zu heiß geräuchert
• Konsistenz zu trocken und wie Gummi	→	falsche Zusammensetzung des Materials
	→	zu wenig Speck verwendet
	→	zu wenig Schüttung verwendet

ROHWURSTFEHLER UND IHRE URSACHEN

• grauer Wurstkern	→	zu trockener Reiferaum
	→	zu zügiger Reiferaum
	→	zu hohe Temperatur im Reiferaum
• grauer Wurstrand	→	Wurst zu kalt gelagert
	→	Wurst zu feucht gelagert
• Hohlräume in der Wurst	→	Masse zu schnell oder mit Luft in den Darm gefüllt
	→	zu hohe Temperatur im Reiferaum
	→	zu trockene Zusammensetzung des Materials
• Faltenbildung des Darms	→	zu niedrige Luftfeuchtigkeit im Reife- und Lagerraum
• ranziger Geschmack	→	durch zu lange Lagerung wurde das Fettmaterial ranzig

SCHINKEN

WISSENSWERTES ÜBER SCHINKEN

Als Schinken im eigentlichen Sinn wird eine ganze Schweinekeule oder deren Fleischteile nach der Zerlegung in Oberschale, Unterschale, Hüfte und Nuss bezeichnet.

Allgemein versteht man darunter zuvor gepökeltes und anschließend geräuchertes, getrocknetes oder gekochtes Fleisch verschiedener Tierarten.

Obwohl die meisten Schinkensorten vom Schwein stammen, lässt sich auch aus dem Fleisch vom Rind, Geflügel, Wild sowie von Schafen und Ziegen leckerer Schinken herstellen.

Je nach Schinkenart und Schinkensorte variiert der Geschmack dabei zwischen mild, mildherb, leicht süßlich bis zu kräftig oder würzig.

Durch die jeweilige Herstellungsart kann noch eine intensiv rauchige Note hinzukommen. Sie ist auch ausschlaggebend dafür, ob die Konsistenz des fertigen Schinkens saftig oder eher fester ist.

SCHINKENARTEN

Bei den Schinkenarten unterscheidet man zwischen geräuchertem oder luftgetrocknetem Rohschinken und Kochschinken.

GERÄUCHERTER ROHSCHINKEN

Für die Herstellung diese Schinkens wird das jeweilige Fleischstück zuvor gepökelt und dann kalt, warm oder heiß geräuchert.

LUFTGETROCKNETER ROHSCHINKEN

Luftgetrockneter Rohschinken wird hauptsächlich in südeuropäischen Ländern hergestellt, da dort die klimatischen Bedingungen herrschen, die er für seine Reifung benötigt.

Für die Herstellung wird das jeweilige Fleischstück mit Salz oder Meersalz trocken gepökelt und dann langsam, über mehrere Monate, an der Luft getrocknet.

Die Reife- und Trocknungszeit kann bei besonders hochwertigen Schinken bis zu 3 Jahren betragen.

Typische Vertreter sind der italienische Parmaschinken, der spanische Serrano- und Ibèrico-Schinken sowie der französische Bayonner-Schinken.

SCHINKEN

KOCHSCHINKEN

Für die Herstellung von Kochschinken wird eine Ober- oder Unterschale vom Schwein zunächst mit einer 9%igen Lake spritzgepökelt.

Danach legt man das Fleisch 24 Stunden in eine ebenso starke Lake, wodurch graue Stellen im fertigen Schinken vermieden werden.

Anschließend wird das Fleisch in eine Kochschinkenform gepresst und in 80°C heißem Wasser ca. eine Stunde je Kilogramm gegart.

AUFBEWAHRUNG UND LAGERUNG

Kochschinken sowie heiß und warm geräucherte Rohschinken sind nur ein paar Tage lagerfähig und müssen in dieser Zeit unbedingt im Kühlschrank aufbewahrt werden.

Luftgetrocknete oder kalt geräucherte Rohschinken sind durch den langen Trocknungsprozess bzw. durch die mehrtägige Räucherung bereits soweit konserviert, dass man sie ohne Kühlung lagern kann.

Idealerweise werden sie in Räumen mit einer Temperatur zwischen 10°C und 15°C aufbewahrt.

Auch die Lagerung im unteren Drittel des Kühlschranks ist möglich. Dort sollten sich aber keine offenen, stark riechenden Lebensmittel befinden,

Damit der Schinken „atmen“ kann, darf er nicht fest verpackt werden.

Das lockere Einschlagen in Butterbrotpapier reicht vollkommen aus.

Um sein volles Aroma zu entfalten, sollte Rohschinken vor dem Verzehr eine Raumtemperatur von 17°C bis 20°C angenommen haben.

Deshalb ist es ratsam, ihn mindestens 15 Minuten vor dem Aufschneiden aus dem Lagerraum oder Kühlschrank zu nehmen.

Zur Entfaltung seines unvergleichlichen Geschmacks ist er dann in möglichst dünne Scheiben zu schneiden.

Zum Aufschneiden sollte ein sehr scharfes Messer mit langer, schmaler Klinge benutzt werden.

Am besten eignet sich ein spezielles Schinkenmesser.

Da in Scheiben geschnittener Rohschinken schnell austrocknet, sollte auch nur die zum baldigen Verzehr bestimmte Menge aufgeschnitten werden.

FLEISCH FÜR DIE SCHINKENHERSTELLUNG

Für die Herstellung von Schinken sollte nur qualitativ hochwertiges Fleisch verwendet werden.

Optisch zu erkennen ist dies an einer der Tierart entsprechenden Fleischfarbe sowie einem frischen und appetitlichen Aussehen.

Auf keinen Fall darf das Fleisch schmierig sein und muss einen angenehmen, fleischtypischen Geruch aufweisen.

ZUSATZSTOFFE

NITRITPÖKELSALZ

Nitritpökelsalz ist ein fertiges Gemisch aus Natriumnitrat und Speisesalz, das zur Konservierung und Umrötung bei der Schinkenherstellung verwendet wird.

Durch beide Bestandteile wird dem Fleisch Wasser entzogen, was wiederum die Bildung verschiedener Bakterienarten verhindert und für das Absterben bereits vorhandener Bakterien sorgt.

Das Natriumnitrat bewirkt beim Pökelvorgang die Umrötung, da es durch die bereits im Fleisch vorhandenen Bakterien zu Natriumnitrit umgewandelt wird. Danach verbindet es sich mit dem Muskelfarbstoff Myoglobin und erzeugt dadurch die typische Rotfärbung des Schinkens.

SCHINKENHERSTELLUNG OHNE NITRITPÖKELSALZ

Auch die Verwendung von reinem Speisesalz ohne die Zugabe von Natriumnitrat kann die Haltbarkeit von Fleisch verlängern.

Allerdings werden bei dieser Art des Salzens Bakterien nicht direkt abgetötet und der fertige Schinken verdirbt schneller als mit Nitritpökelsalz hergestellter Schinken.

Weiterhin findet kein Umrötungsprozess statt, was zu einer unschönen Graufärbung des Fleischs führt.

PÖKELHILFSSTOFFE

Zu den Pökelhilfsstoffen zählen unter anderem Zucker, Traubenzucker, Säureregulatoren, Phosphate und Citrate.

Sie fördern und beschleunigen den Pökelvorgang, sorgen für eine stabile Rotfärbung des Fleisches, unterstützen die Entstehung des typischen Pökelaromas und erhöhen die Wasserbindung im Fleisch.

PÖKEL- UND RÄUCHERUTENSILIEN

PÖKELBEHÄLTER

Pökelbehälter sind Gefäße aus Kunststoff oder Edelstahl, in denen Lake angerührt und das Fleisch, je nach Verwendung, unterschiedlich lange gepökelt wird.

Für den Hausgebrauch sind Kunststoffeimer ausreichend und beim Pökeln größerer Mengen Fleisch kommen Kübel oder Wannen zum Einsatz.

LAKEMESSER / LAKEPRÜFER

Der Lakemesser ist ein Gerät zum Messen des Salzgehaltes der Pökellake und schwimmt, je nach Konzentration der Lake, höher oder tiefer in der Flüssigkeit.

Anhand einer Skala kann dann die Stärke der Lake abgelesen und je nach Bedarf noch Wasser oder Salz zugegeben werden.

PÖKELSPRITZE

Die Pökelspritze wird für die Schnellpökelung benötigt. Mit ihrer Hilfe wird die entsprechende Salzlake direkt in das Fleisch gespritzt.

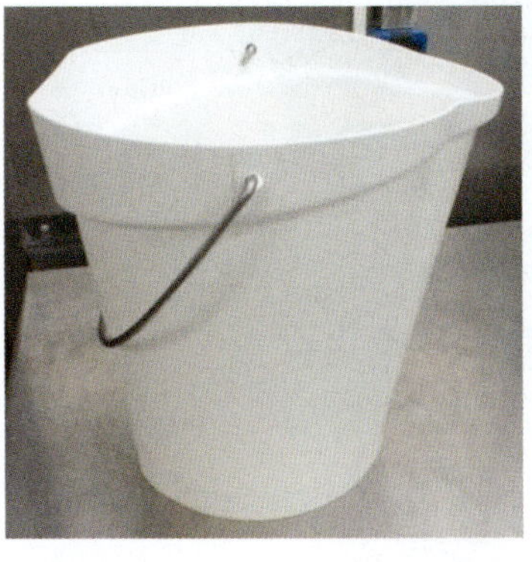

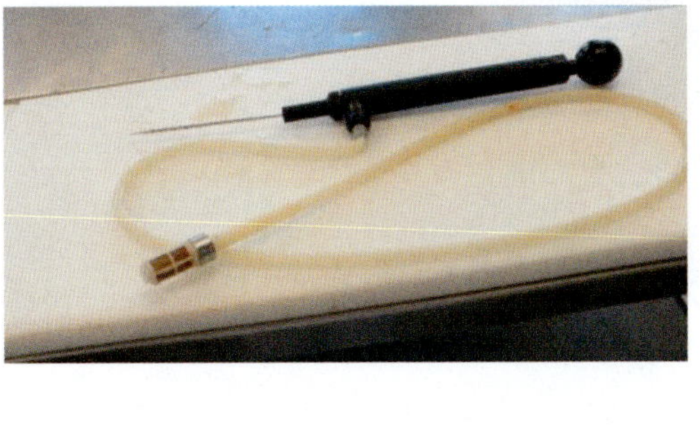

PÖKEL- UND RÄUCHERUTENSILIEN

VAKUUMIERGERÄT

Mit dem Vakuumiergerät wird ein in Folie verpacktes Fleischstück luftdicht verschlossen. Hierfür saugt das Gerät zuerst die Luft aus dem Folienbeutel und schweißt ihn danach zu.

ABTROPFGITTER

Für die Herstellung mancher Schinkenarten ist es notwendig, das Fleisch einige Zeit auf Gittern abtropfen zu lassen. Diese Gitter können entweder über den Fachhandel erworben oder in „Eigenregie" hergestellt werden. Die einfachste und kostengünstigste Variante hierbei ist der Einsatz eines Stücks sauberen, rostfreien Maschendrahtzauns, das fest über ein ausreichend großes Abtropfgefäß gespannt wird.

FLEISCHERBAND UND S-FÖRMIGE FLEISCHERHAKEN

Fleischerband und S-förmige Fleischerhaken werden zum Aufhängen der Schinken im Trockenraum sowie im Räucherofen benötigt.

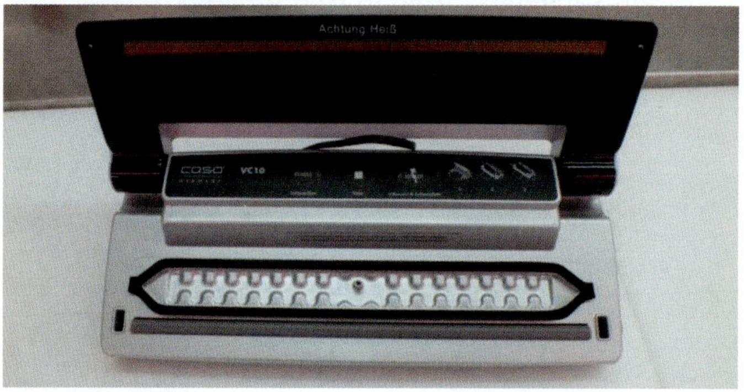

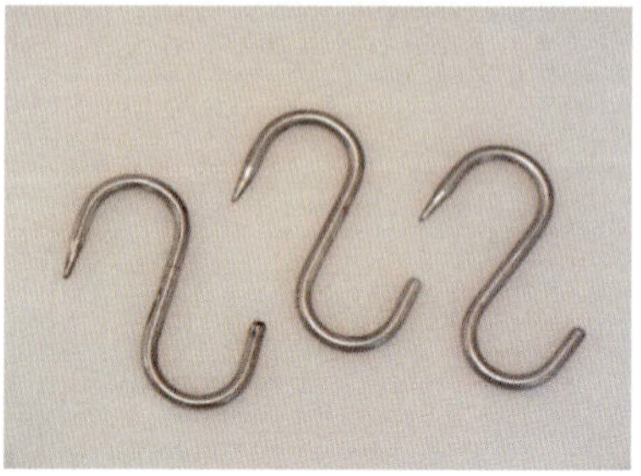

PÖKEL- UND RÄUCHERUTENSILIEN

SCHINKENKOCHER

Der aus Gusseisen bestehende Schinkenkocher hat eine rechteckige Form und ist mit einem durch Federn und Schrauben höhenverstellbaren Deckel ausgestattet.

Dadurch kann der Schinken während des Kochens mit unterschiedlichem Druck in die gewünschte Form gepresst werden.

HYGROMETER

Mit einem Hygrometer wird die Luftfeuchtigkeit in Räumen bestimmt.

Es gibt analoge Hygrometer mit einer Skalenanzeige und elektronische Hygrometer mit Digitalanzeige.

THERMOMETER

Mit dem Thermometer wird die Raumtemperatur gemessen. Auch diese Geräte gibt es mit analoger oder digitaler Anzeige.

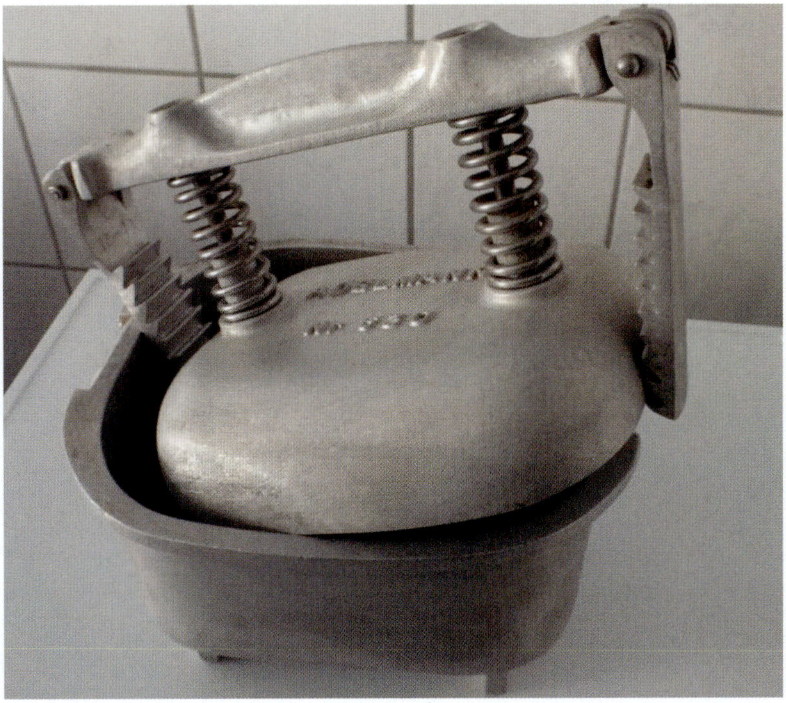

RÄUCHERÖFEN

Für die Räucherung kleinerer Fleischstücke, wie z.B. Filets, Lachs- oder Geflügelschinken, ist ein handelsüblicher Räucherofen mit den Mindestmaßen von ca. 120cm Höhe und ca. 40cm Breite vollkommen ausreichend.

Er sollte aus Edelstahl bestehen und folgende Ausstattung aufweisen:

- mindestens zwei herausnehmbare Gitter zum Aufhängen der Fleischstücke
- mindestens vier Einschübe in unterschiedlicher Höhe für die Gitter
- einen Glutkasten mit Griff
- eine verstellbare Lüftungsklappe mit integriertem Fliegenschutz in Höhe des Glutkastens
- eine verstellbare Lüftungsklappe mit integriertem Fliegenschutz an der oberen Abdeckung des Ofens
- ein Thermometer

Sollen größere Fleischstücke geräuchert werden, muss die Größe des Räucherofens entsprechend angepasst werden.

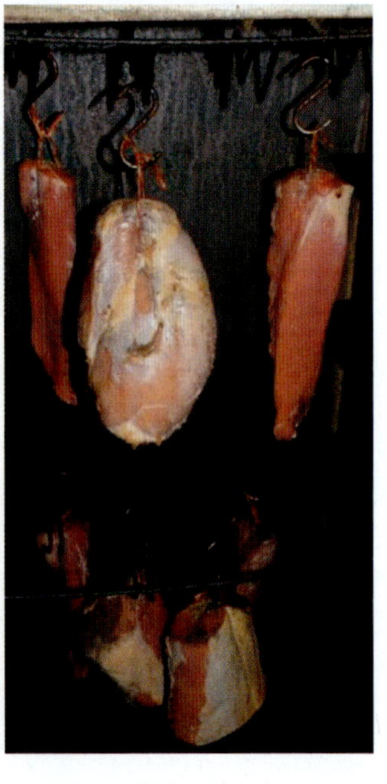

RÄUCHERÖFEN

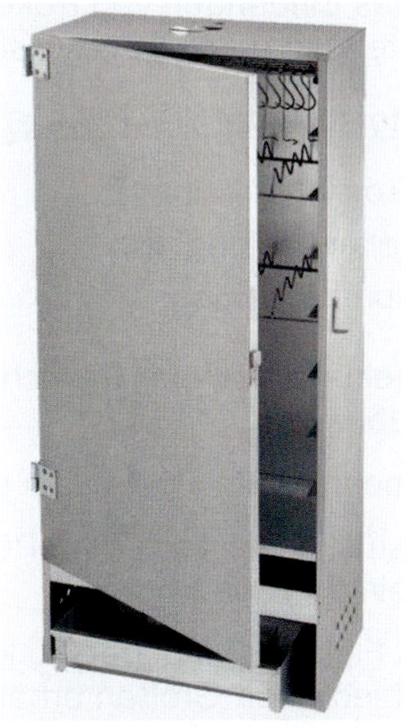

PÖKELN

Pökeln ist ein Verfahren der Fleischkonservierung.

Durch das Eindringen von Pökelstoffen wird das Fleisch haltbar gemacht, umgerötet und erhält sein typisches Aroma.

Man unterscheidet drei Pökelarten:

- die Trockenpökelung
- die Lakepökelung und
- die Spritzpökelung

Die Pökeldauer ist vom Gewicht, dem Zuschnitt und der Form des Fleischstücks abhängig.

Die Temperatur im Pökelraum sollte ca. 5°C betragen.

Fleischstücke, die nach dem Pökeln geräuchert werden sollen, müssen vorher einige Tage trocknen.

Um das Fleisch aufhängen zu können, zieht man entweder ein in unterschiedlichen Größen erhältliches Schinkennetz darüber oder sticht S-förmige Fleischerhaken bzw. Fleischerband direkt durch ein Endstück.

Für die letztere Methode eignet sich meiner Erfahrung nach am besten eine Spicknadel, in deren aufklappbare Öse ein Stück Fleischerband geklemmt wird.

Die Nadel kann dann sehr einfach durch das Fleisch geführt und die Enden des Bandes gut miteinander verknotet werden.

Anschließend hängt man das Fleischstück in einen kühlen, gut durchlüfteten aber zugfreien Raum.

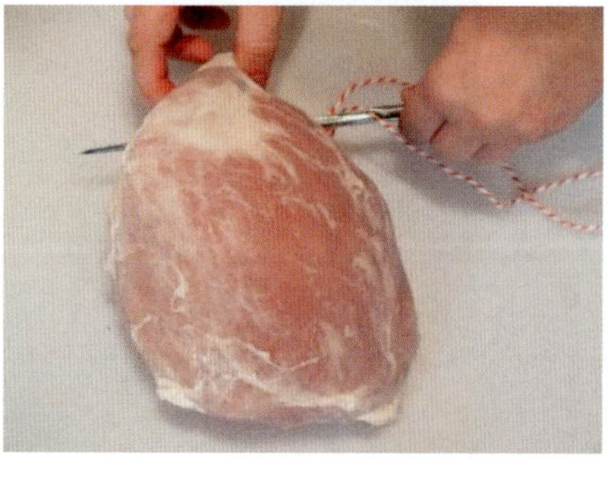

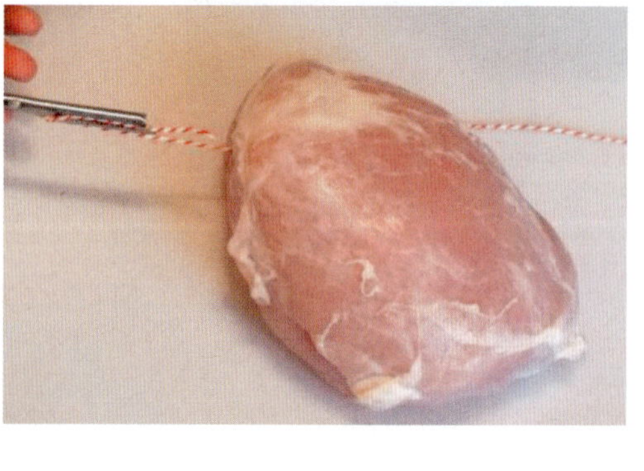

PÖKELARTEN

TROCKENPÖKELUNG IM PÖKELBEHÄLTER

Bei der Trockenpökelung reibt man das Fleisch dick mit Nitritpökelsalz oder einer Mischung aus Salz und Salpeter ein.

Danach werden die einzelnen Stücke mit der Schwartenseite nach unten dicht nebeneinander in ein geeignetes Pökelgefäß gelegt und bei größeren Mengen anschließend übereinander geschichtet.

Zwischen die jeweiligen Fleischschichten wird dann wieder dick Pökelsalz gestreut und das Fleisch, je nach Gewicht, mehrere Tage oder Wochen in einen ca. 5°C kühlen Raum gestellt.

Die sich dabei bildende Eigenlake muss abgelassen werden.

Während des Pökelvorgangs sollten Fleischstücke bis zu einem Gewicht von 5 kg zwei Mal und schwerere Stücke mindestens vier Mal gewendet werden.

Dafür legt man die einzelnen Schinken dann in umgekehrter Reihenfolge in ein zweites Pökelgefäß und streut wieder Pökelsalz zwischen die einzelnen Schichten.

Die Pökeldauer ist vom Gewicht und Zuschnitt des Fleisches abhängig und beträgt je Kilogramm ca. 3 Tage.

Danach verbleiben die Schinken noch einige Tage zum so genannten „Durchbrennen“ im Pökelraum.

Durch diesen Prozess wird eine gleichmäßige Salzverteilung im gesamten Pökelgut erreicht, die zur gewünschten Umrötung und einer festeren Konsistenz führt.

PÖKELARTEN

TROCKENPÖKELUNG IM VAKUUMBEUTEL

Stehen keine Pökelbehälter oder ein entsprechend kühler Pökelraum zur Verfügung, kann die Trockenpökelung der Fleischstücke auch in einem Vakuumbeutel erfolgen.

Hierfür werden die Fleischstücke mit der Pökelsalzmischung eingerieben, einzeln in Folienbeutel verpackt und die Beutel mit Hilfe eines Vakuumiergerätes luftdicht verschlossen.

Die anschließende Aufbewahrung erfolgt im Kühlschrank.

Damit das Fleischstück gleichmäßig durchpökelt, muss der Beutel während der gesamten Pökeldauer täglich gewendet werden.

PÖKELARTEN

LAKEPÖKELUNG

Bei der Lakepökelung wird das Fleisch mit einer Salzlake übergossen, die aus Wasser und Nitritpökelsalz besteht. Zehn Liter 10%ige Lake werden beispielsweise aus 10 Liter Wasser und 1,11 kg Nitritpökelsalz hergestellt.

Je größer der Schinken ist, umso höher muss die Salzkonzentration sein.

Gewürze für eine Gewürzlake werden ganz nach Geschmack und regionalen Geflogenheiten zugesetzt. Üblich sind Pfeffer, Koriander, Lorbeer, Ingwer, Knoblauch und Wacholderbeeren.

Die Dauer der Pökelung richtet sich nach dem Gewicht des Fleisches, nach dem Salzgrad der Lake und danach, welcher Geschmack erzielt werden soll. Je Kilogramm Fleisch beträgt sie ca. 2 Tage.

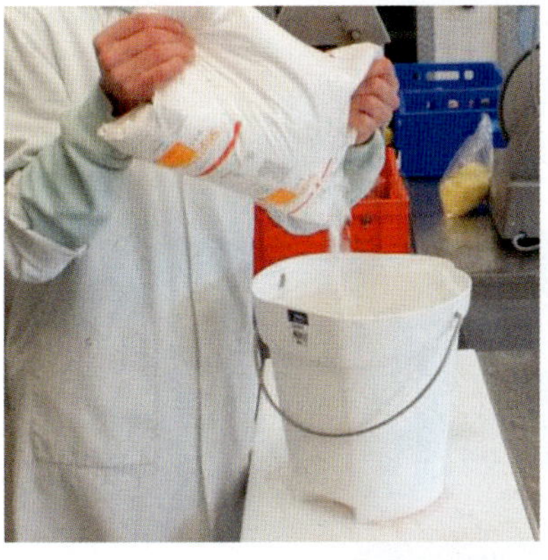

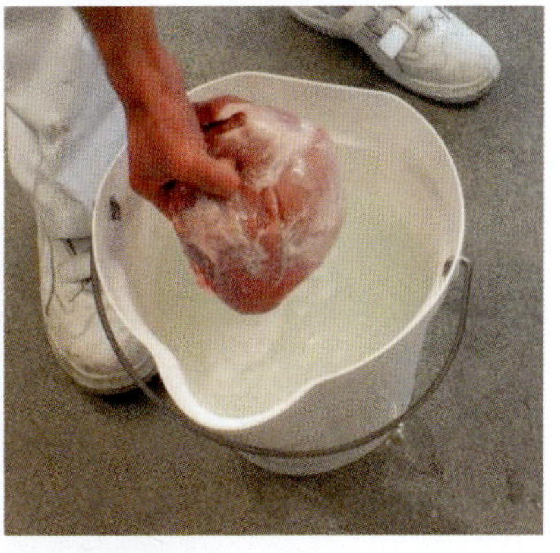

PÖKELARTEN

SPRITZPÖKELUNG

Bei der Spritzpökelung wird die Salzlake mit Hilfe einer Lakespritze in Abständen von 5cm direkt in das Fleisch gespritzt.

Die Menge der Lake sollte dabei ca. 20% des Fleischgewichts betragen.

Durch diese Art des Pökelns wird die Dauer des Pökelvorgangs zwar erheblich verkürzt, jedoch die Haltbarkeit des Fleisches nicht sonderlich verlängert.

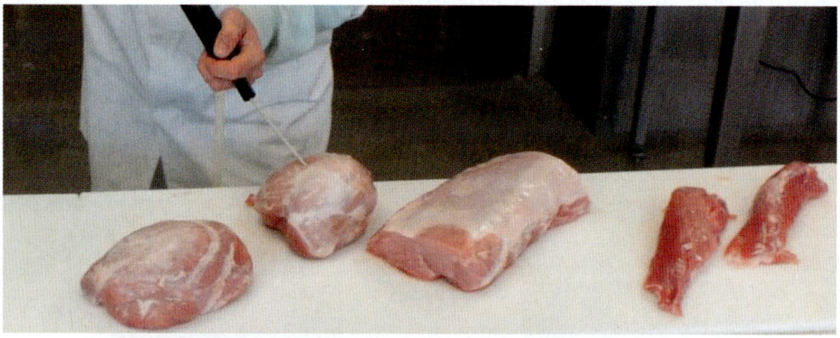

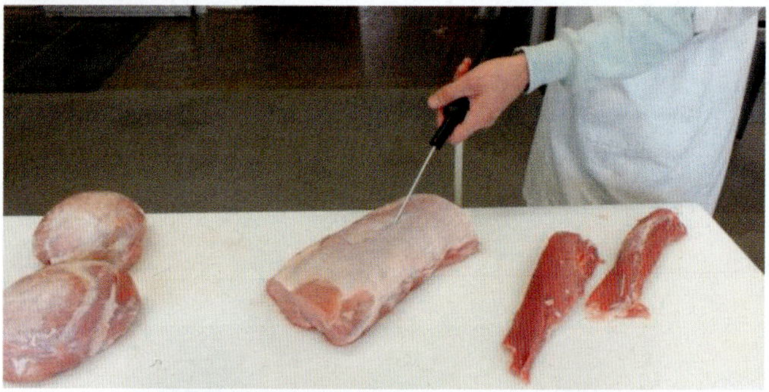

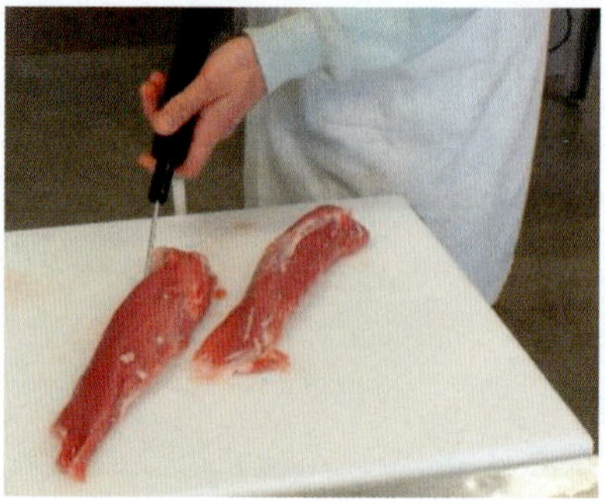

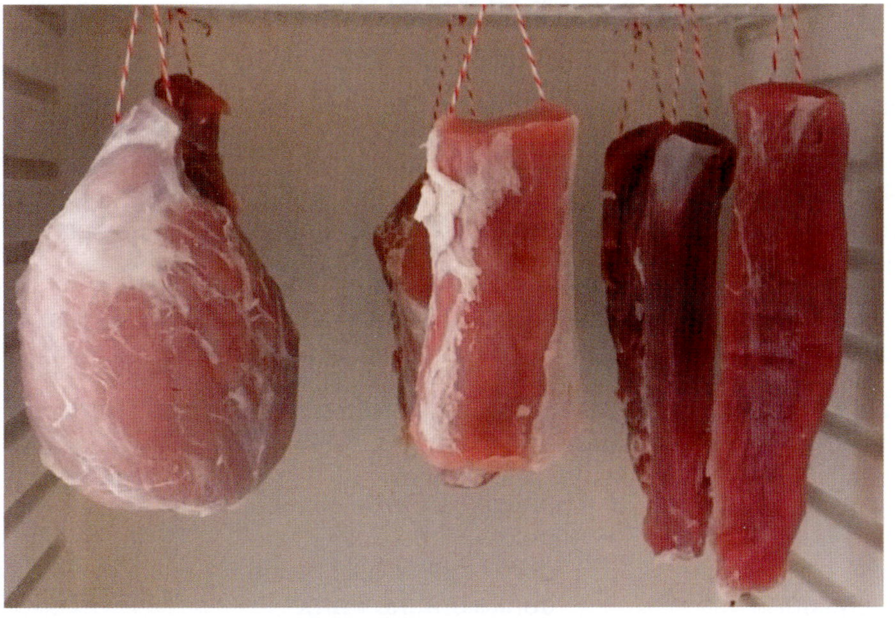

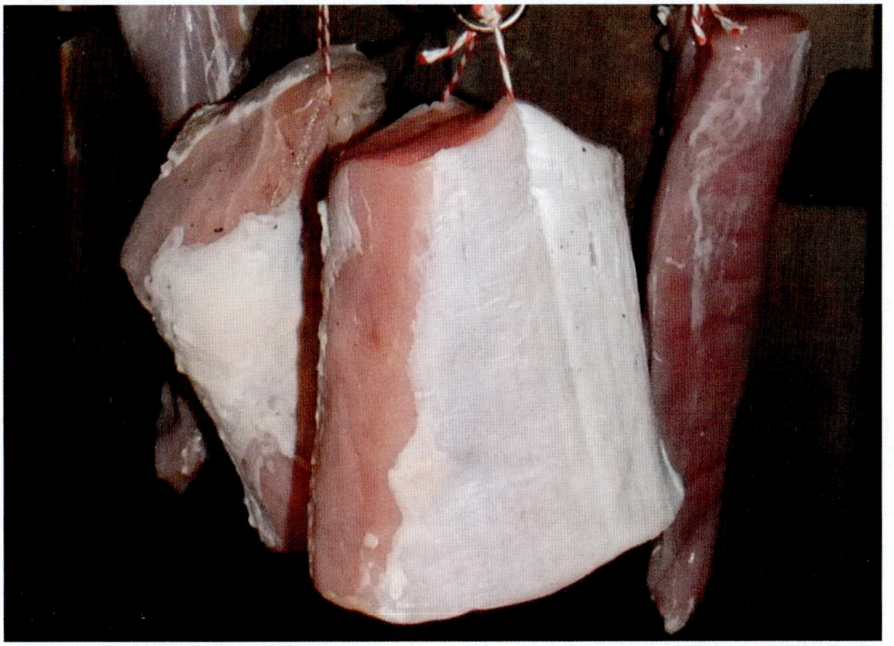

RÄUCHERN

Ein weiteres Verfahren der Fleischkonservierung ist das Räuchern.

Hierdurch wird der Schinken haltbar gemacht und erhält seinen typischen Geschmack, den Geruch und das Aussehen.

Als Räucherstoffe sollten möglichst Harthölzer, wie z.B. Buche und Eiche, verwendet werden, da andere Holzarten die Keimbildung im Fleisch fördern können.

Nur bei sehr wenigen Schinkensorten kommen auch Nadelhölzer als Räucherstoff zum Einsatz.

Die Verwendung der nachfolgend aufgeführten Holzarten führt zur Erzeugung folgender Räucherfarben:

- Buche: hellgelbe Farbe
- Linde oder Ahorn: gelbe Farbe
- Eiche oder Erle: dunkelgelbe bis braune Farbe
- Wacholder: dunkelbraune Farbe
- Nadelholz: schwarzbraune Farbe

Um ein volles und intensives Räucheraroma zu erzielen sollte man mit möglichst niedrigen Räuchertemperaturen arbeiten, für eine ausreichende Sauerstoffzufuhr sorgen und nur wirklich trockenes Holz und Sägemehl verwenden.

Man unterscheidet drei Räucherarten:

- Kalträuchern
- Warmräuchern und
- Heissräuchern

KALTRÄUCHERN

Kalt geräuchert wird bei gleichmäßigen Temperaturen zwischen 15°C und 25°C, die durch das langsame Verglimmen von Sägemehl erreicht werden.

Die Räucherdauer ist abhängig von der Größe des Räucherguts und kann einige Tage bis mehrere Wochen betragen.

Dadurch erhält das Fleisch ein intensiveres Räucheraroma und eine deutlich längere Haltbarkeit als bei den anderen Räucherarten.

RÄUCHERN

WARMRÄUCHERN

Beim Warmräuchern verbrennt man Hartholzscheite und deckt das Feuer anschließend dick und lose mit Sägemehl ab.

Dadurch werden Temperaturen von bis zu 50°C erreicht.

Die Räucherdauer ist abhängig von der Fleischgröße und beträgt 1 - 3 Stunden.

Damit das Räuchergut nicht zu stark austrocknet, muss während des Räuchervorgangs für eine relative Luftfeuchtigkeit von ca. 80% gesorgt werden.

Die Vorteile des Warmräucherns bestehen darin, dass das Räuchergut schnell umrötet und ein gutes Raucharoma erhält.

HEISSRÄUCHERN

Heiß geräuchert wird bei Temperaturen von 60°C - 90°C, die durch das Abbrennen von Holzscheiten ohne Rauchentwicklung erreicht werden.

Die relative Luftfeuchtigkeit während des Räuchervorgangs sollte 50% bis 60% betragen.

Diese Räucherart eignet sich besonders für Wurstsorten oder Fleischarten, die eine schnelle Umrötung, ein mildes Raucharoma und eine schöne Räucherfarbe erhalten sollen.

RÄUCHERN

SÄGE- ODER RÄUCHERMEHL

Das Säge- oder Räuchermehl sollte von Harthölzern wie Buche oder Eiche stammen und keine größere Körnung als 3mm aufweisen.

Am besten lässt es sich mit handelsüblichen Kartuschenbrennern, wie sie auch beim Camping verwendet werden, entzünden.

RÄUCHERDAUER

Auch wenn in den einzelnen Rezepten mehrere Tage Räucherdauer angegeben werden bedeutet dies nicht, dass die Räucherung 24 Stunden am Tag zu erfolgen hat.

Die Räucherdauer pro Tag sollte 8 - 10 Stunden nicht übersteigen und kann auch in zwei bis drei Räuchergängen durchgeführt werden.

Wichtig ist, dass das Fleisch zwischendurch „ruhen“ kann.

Ist man sich nicht sicher, ob der Schinken die gewünschte Räucherstufe erreicht hat, sollte man ihn einfach anschneiden und probieren.

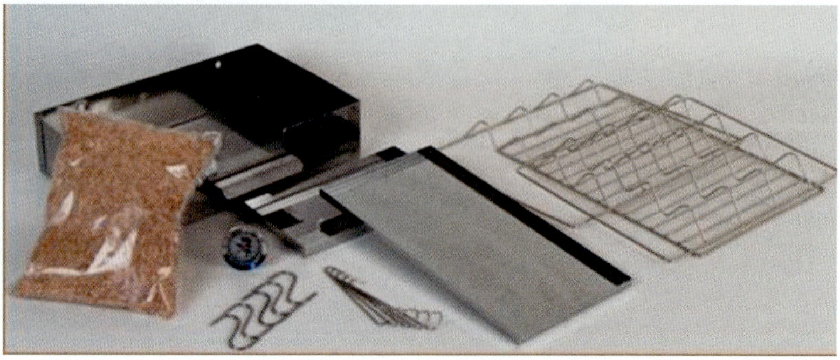

RÄUCHERN

KNIFFE UND TRICKS BEIM RÄUCHERN

Die zu räuchernden Fleischstücke sind mittels S-förmiger Fleischerhaken oder Fleischerbands so in den Ofen zu hängen, dass sie sich nicht berühren.

Für die Bestückung des Glutkastens mit Räuchermehl gibt es drei Methoden:

DIE U-FÖRMIGE METHODE

Das Räuchermehl U-förmig bis kurz unter den Rand in den Glutkasten füllen, fest andrücken und mittels eines Kartuschenbrenners an der linken oder rechten Ecke ca. 1 - 2 Minuten anzünden.

Dann unter Zuhilfenahme einer Schutzbrille vorsichtig solange pusten, bis eine schöne Glut entstanden ist.

Das Abbrennen des Räuchermehls erfolgt dabei schön gleichmäßig und es ist gewährleistet, dass die Temperatur im Ofen nicht zu schnell ansteigt.

Tipp! Sollte das Mehl auch nach mehrmaligen Anzündversuchen nicht glühen oder immer wieder ausgehen, z. B. bei einer zu niedrigen Außentemperatur, kann eine erhitzte Grillkohle mit in den Glutkasten gelegt werden.

RÄUCHERN

DIE DOSENMETHODE

Eine 750ml - Dose nach Verzehr des Inhaltes gründlich ausspülen, die Etiketten durch Einweichen entfernen und in den Unterboden ein ca. 2cm großes Loch bohren.

Dann einen Stab einführen, der vom Durchmesser her fast so groß wie das Loch und mindestens doppelt so lang wie die Dose ist, das Räuchermehl bis zum Dosenrand einfüllen, durch festes Andrücken gut verdichten und den Stab mit leichten Drehbewegungen wieder vorsichtig herausziehen.

Danach sollte ein Loch bleiben, durch das man hindurch schauen kann.

Danach den Kartuschenbrenner solange unter das Loch des Unterbodens halten (die Flamme „kommt“ normalerweise oben wieder heraus), bis alles schön von alleine weiter glimmt und die Dose in den Räucherofen stellen.

Der Vorteil zur U-förmigen Methode besteht darin, dass das Mehl um einiges länger glimmt.

RÄUCHERN

DIE EIVERPACKUNG - METHODE

Die obere oder untere Hälfte einer Eierverpackung aus Pappe in den Glutkasten stellen, bis zum Rand locker mit Räuchermehl füllen und eine der schmaleren Seiten mit dem Kartuschenbrenner anzünden.

Die Pappe und das Räuchermehl glühen dann solange gleichmäßig weiter, bis alles abgebrannt ist.

Nachdem ich alle drei Methoden ausprobiert habe, wende ich nur noch diese hier an.

Beim Entzünden der Eierverpackungen gibt es keine Probleme und das Mehl glimmt selbst bei Außentemperaturen von -15°C ca. 3 Stunden lang.

SCHWEINEFILETSCHINKEN

Material

6 Schweinefilets (ca. 2,0 kg)

Zutaten für die Pökelsalzmischung

- 120 g Meersalz
- 5,0 g Rohrzucker
- 2,0 g weißer Pfeffer
- 1,0 g Knoblauchpulver

Herstellung

Die Schweinefilets gut mit der Pökelsalzmischung einreiben, in einen Folienbeutel packen und mit Hilfe eines Vakuumiergeräts luftdicht verschließen. Dann werden sie 3 Tage in den Kühlschrank gelegt und während dieser Zeit täglich gewendet.
Danach wäscht man die Filets mit lauwarmem Wasser ab und hängt sie 2 Tage zum Trocknen in einen kühlen, gut durchlüfteten, aber zugfreien Raum. Anschließend räuchert man sie solange kalt, bis sie eine schöne Farbe haben. Die Räucherdauer ist abhängig von der Räucher- sowie der Außentemperatur und beträgt ca. 3 x 8 Stunden.

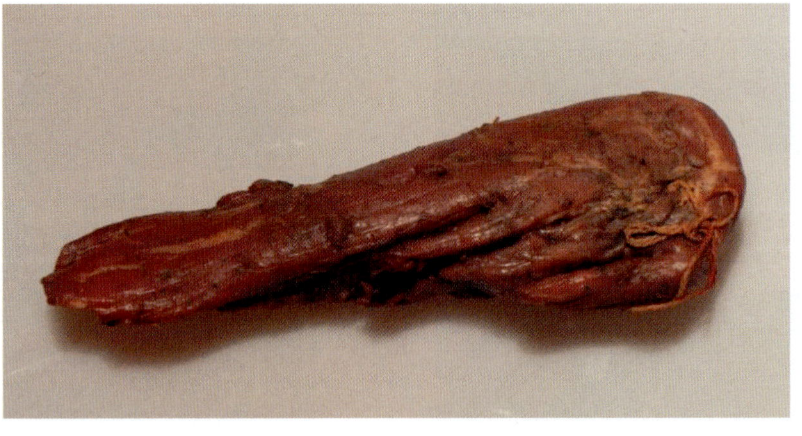

FILETSCHINKEN NACH THÜRINGER ART

Material

10 Schweinefilets (ca. 3,0 kg)

Zutaten für die Gewürzlake

- 6,0 L Wasser
- 500 g Nitritpökelsalz
- 30 g Rohrzucker
- 2,0 g Macis
- 10 Wacholderbeeren
- 5 Lorbeerblätter

Herstellung

Die Schweinefilets in ein geeignetes Gefäß legen, mit der Pökellake übergießen und 2 Tage in einen ca. 5°C kühlen Raum oder in den Kühlschrank stellen.
Danach hängt man sie 2 Tage zum Trocken in einen kühlen, gut durchlüfteten aber zugfreien Raum und räuchert sie anschließend solange kalt, bis sie eine schöne Farbe haben.
Die Räucherdauer ist abhängig von der Räucher- sowie der Außentemperatur und beträgt ca. 3 x 8 Stunden.

SCHINKENSPECK

Material

3 Schweinehüften mit Speck (ca. 3,0 kg)

Zutaten

- 100 g Meersalz
- 100 g Nitritpökelsalz
- 12 g Rohrzucker

Herstellung

Die Schweinehüften gut mit der Pökelsalzmischung einreiben, einzeln in Folienbeutel packen und diese mit Hilfe eines Vakuumiergeräts luftdicht verschließen. Dann werden sie 3 Tage in den Kühlschrank gelegt, täglich gewendet und danach mit lauwarmem Wasser abgewaschen.
Anschließend hängt man die Hüften 3 Tage zum Trocknen in einen kühlen, gut durchlüfteten, aber zugfreien Raum und räuchert sie dann solange kalt, bis sie eine schöne Farbe haben.
Damit der Schinkenspeck seinen ganz typischen Geschmack entwickelt, werden dem Räuchermehl 4 Tannenzapfen zugegeben.
Die Räucherdauer ist abhängig von der Räucher- sowie der Außentemperatur und beträgt ca. 4 x 8 Stunden.

GERÄUCHERTER SPECK

Material

1 Rückenspeck mit Schwarte (ca. 3,0 kg)

Zutaten

- 200 g Himalayasalz

Herstellung

Den Rückenspeck gut mit dem Himalayasalz einreiben, in ein geeignetes Gefäß legen und 3 Tage in einen ca. 5°C kühlen Raum oder in den Kühlschrank stellen. Dann wird er mit er mit lauwarmem Wasser abgewaschen und einen Tag zum Trocknen in einen kühlen, gut durchlüfteten, aber zugfreien Raum gehängt. Anschließend räuchert man den Speck solange kalt, bis er eine schöne Farbe hat. Die Räucherdauer ist abhängig von der Räucher- sowie der Außentemperatur und beträgt ca. 3 x 8 Stunden.

GYROSSCHINKEN

Material

1 Schweineunterschale mit Schwarte (ca. 2,0 kg)

Zutaten für die Pökelsalzmischung

- 100 g Meersalz
- 5,0 g Rohrzucker
- 5,0 g Gyrosgewürz
- 2,0 g Paprika, rosenscharf

Herstellung

Die Schweineuterschale gut mit der Pökelsalzmischung einreiben, in einen Folienbeutel packen und mit Hilfe eines Vakuumiergeräts luftdicht verschließen. Dann wird das Fleisch 6 Tage in den Kühlschrank gelegt und während dieser Zeit täglich gewendet.
Danach tupft man die Unterschale mit Küchenpapier ab und hängt sie 3 Tage zum Trocknen in einen kühlen, gut durchlüfteten, aber zugfreien Raum.
Anschließend räuchert man sie solange kalt, bis sie eine schöne Farbe hat.
Die Räucherdauer ist abhängig von der Räucher- sowie der Außentemperatur und beträgt ca. 4 x 8 Stunden.

SCHINKEN NACH SCHWARZWÄLDER ART

Material

1 Schweineunterschale mit Schwarte (ca. 2,0 kg)

Zutaten für die Pökelsalzmischung

- 90 g Meersalz
- 8,0 g Rohrzucker
- 1,0 g schwarzer Pfeffer
- 1,0 g Knoblauchpulver
- 0,5 g Koriander, gemahlen

Herstellung

Die Schweineunterschale gut mit der Pökelsalzmischung einreiben, in ein geeignetes Gefäß legen und 7 Tage in einen ca. 5°C kühlen Raum oder in den Kühlschrank stellen. Das Fleisch täglich wenden.
Danach die Unterschale mit lauwarmen Wasser abwaschen und 2 Tage zum Trocknen in einen kühlen, gut durchlüfteten, aber zugfreien Raum hängen.
Anschließend räuchert man sie solange kalt, bis der Schinken eine schöne Farbe hat. Die Räucherdauer ist abhängig von der Räucher- sowie der Außentemperatur und beträgt ca. 4 x 8 Stunden.
Damit der Schwarzwälder Schinken seine dunkle kräftige Farbe bekommt, wird er mit Räuchermehl von der Fichte geräuchert.

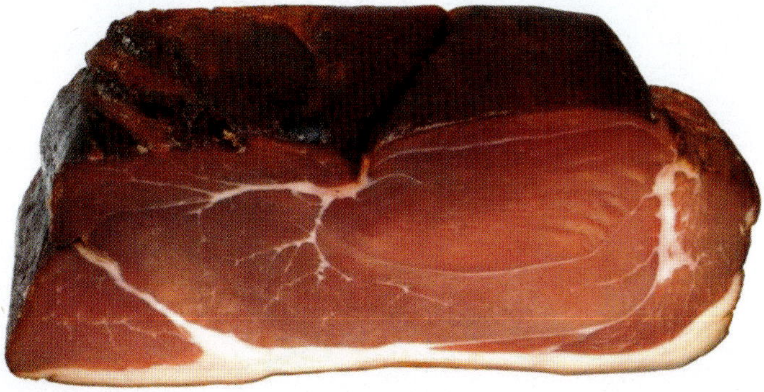

ALLGÄUER NUSSSCHINKEN

Material

2 Schweinenüsse (ca. 2,0 kg)

Zutaten für die Gewürzlake

- 5,0 L Wasser
- 350 g Nitritpökelsalz
- 13 g Rohrzucker
- 5,0 g Kümmel, gemahlen
- 8 Pfefferkörner
- 2 Knoblauchzehen, gehackt

Herstellung

Zur Herstellung von Nussschinken verwendet man den ausgelösten Teil des Schweineschinkens, der regional bedingt Nuss, Kugel oder auch Maus genannt wird.
Die Schweinnüsse in ein geeignetes Gefäß legen, mit der Gewürzlake übergießen und 5 Tage in einen ca. 5°C kühlen Raum oder in den Khlschrank stellen. Danach werden sie mit lauwarmem Wasser abgewaschen und 2 Tage zum Trocknen in einen kühlen, gut durchlüfteten, aber zugfreien Raum gehängt. Anschließend räuchert man die Nüsse solange kalt, sie eine schöne Farbe haben. Die Räucherdauer ist abhängig von der Räucher- sowie der Außentemperatur und beträgt ca. 4 x 8 Stunden.

DELIKATESS - WÜRZSCHINKEN

Material

1 Schweinelachs (ca. 4,0 kg)

Zutaten für die Pökelsalzmischung

- 130 g Meersalz
- 130 g Nitritpökelsalz
- 16 g Zucker
- 3,0 g weißer Pfeffer
- 1,0 g Koriander, gemahlen
- 5 Wacholderbeeren, zerstoßen

Herstellung

Den Schweinelachs in ca. 1,0 kg Stücke schneiden, gut mit der Pökelsalzmischung einreiben, einzeln in Folienbeutel packen und mit Hilfe eines Vakuumiergeräts luftdicht verschließen.
Dann werden die Lachsstücke 3 Tage in den Kühlschrank gelegt, täglich gewendet und danach mit kaltem Wasser abgewaschen.
Anschließend hängt man sie 3 Tage zum Trocknen in einen kühlen, gut durchlüfteten, aber zugfreien Raum und räuchert sie dann solange, bis sie eine schöne Farbe haben.
Die Räucherdauer ist abhängig von der Räucher- sowie der Außentemperatur und beträgt ca. 3 x 8 Stunden.

ADVENTS - SCHINKEN

Material

2 Schweineoberschalen (ca. 2,5 kg)

Zutaten für die Pökelsalzmischung

- 170 g Nitritpökelsalz
- 130 g Salz
- 15 g Rohrzucker
- 8,0 g Lebkuchengewürz
- 1,0 g weißer Pfeffer
- 0,5 g Koriander, gemahlen

Herstellung

Die Schweineoberschalen gut mit der Hälfte der Pökelsalzmischung einreiben, in ein geeignetes Gefäß legen und 3 Tage in einen ca. 5°C kühlen Raum oder in den Kühlschrank stellen.
Nach dieser Zeit die sich gebildete Lake abgießen, die Oberschalen mit der restlichen Pökelsalzmischung einreiben und nochmals 2 Tage pökeln lassen.
Das Fleisch danach mit lauwarmem Wasser abwaschen, 4 Tage zum Trocknen in einen kühlen, gut durchlüfteten, aber zugfreien Raum hängen und anschließend solange kalt räuchern, bis der Schinken eine schöne Farbe hat.
Die Räucherdauer ist abhängig von der Räucher- sowie der Außentemperatur und beträgt ca. 3 x 8 Stunden.

BESCHWIPSTER SCHWEINERÜCKEN

Material

1 Schweinerücken mit Fett und Schwarte (ca. 4,0 kg)

Zutaten für die Pökelsalzmischung

- 260 g Nitritpökelsalz
- 350 ml Jack Daniels Whiskey
- 20 g Rohrzucker
- 1,0 g weißer Pfeffer
- 0,5 g Knoblauchpulver
- 2 Wacholderbeeren, zerstoßen

Herstellung

Den Schweinerücken gut mit der Pökelsalzmischung einreiben, in ein geeignetes Gefäß legen und 7 Tage in einen ca. 5°C kühlen Raum oder in den Kühlschrank stellen. Während dieser Zeit muss er täglich gewendet werden.
Das Fleisch danach mit Küchenpapier abreiben und 3 Tage zum Trocknen in einen kühlen, gut durchlüfteten, aber zugfreien Raum hängen.
Anschließend räuchert man den Rücken solange kalt, bis er eine schöne Farbe hat.
Die Räucherdauer ist abhängig von der Räucher- sowie der Außentemperatur und beträgt ca. 4 x 8 Stunden.

RINDERSCHINKEN AUS DER SEMERROLLE

Material

1 Semerrolle PAD (ohne Fett) (ca. 2,5 kg)

Zutaten für die Pökelsalzmischung

- 140 g Meersalz
- 9,0 g Traubenzucker
- 5,0 g schwarzer Pfeffer, grob
- 1,0 g Koriander, gemahlen
- 5 Wacholderbeeren, zerstoßen

Herstellung

Die Semerolle gut mit der Pökelsalzmischung einreiben, in ein geeignetes Gefäß legen und 6 Tage in einen ca. 5°C kühlen Raum stellen.
In dieser Zeit muss das Fleisch täglich gewendet und mit der sich gebildeten Pökellake übergossen werden.
Danach wird die Semerrolle mit lauwarmen Wasser abgewaschen, 2 Tage zum Trocknen in einen kühlen, gut durchlüfteten, aber zugfreien Raum gehängt und anschließend solange kalt geräuchert, bis sie eine schöne Farbe hat.
Die Räucherdauer ist abhängig von der Räucher- sowie der Außentemperatur und beträgt ca. 4 x 8 Stunden.

BUNTER RINDERFILETSCHINKEN

Material

2 Rinderfilets (ca. 3,0 kg)

Zutaten für die Gewürzlake

- 5,0 L Wasser
- 400 g Nitritpökelsalz
- 16 g Rohrzucker
- 10 Wacholderbeeren

Herstellung

Die Rinderfilets in ein geeignetes Gefäß legen, mit der Pökellake übergießen und 3 Tage in einen ca. 5°C kühlen Raum oder in den Kühlschrank stellen. Danach hängt man sie 2 Stunden zum Trocknen in einen kühlen, gut durchlüfteten, aber zugfreien Raum, bestreut sie dann rundherum mit buntem Pfeffer, klopft den Pfeffer etwas fest und lässt sie weitere 48 Stunden trocknen. Anschließend werden die Filets solange kalt geräuchert, bis sie eine schöne Farbe haben.
Die Räucherdauer ist abhängig von der Räucher- sowie der Außentemperatur und beträgt ca. 3 x 8 Stunden.

NUSSSCHINKEN VOM WILDSCHWEIN

Material

3 Wildschweinnüsse (ca. 3,0 kg)

Zutaten für die Gewürzlake

- 5,0 L Wasser
- 400 g Nitritpökelsalz
- 10 g Rohrzucker
- 3,0 g Kümmel, gemahlen
- 10 Pfefferkörner
- 5 Wacholderbeeren

Herstellung

Die Wildschweinnüsse in ein geeignetes Gefäß legen, mit der kurz aufgekochten und erkaltete Gewürzlake übergießen und 4 Tage in einen ca. 5°C kühlen Raum oder in den Kühlschrank stellen.
Danach hängt man sie 2 Tage zum Trocknen in einen kühlen, gut durchlüfteten, aber zugfreien Raum.
Anschließend werden die Nüsse solange kalt geräuchert, bis sie eine schöne Farbe haben.
Die Räucherdauer ist abhängig von der Räucher- sowie der Außentemperatur und beträgt ca. 4 x 8 Stunden.

GERÄUCHERTE REHRÜCKEN

Material

2 Rehrücken ohne Knochen (ca. 2,0 kg)

Zutaten für die Gewürzlake

- 6,0 L Wasser
- 500 g Nitritpökelsalz
- 20 g Rohrzucker
- 4 Lorbeerblätter

Herstellung

Die Rehrücken in ein geeignetes Gefäß legen, mit der Gewürzlake übergießen und 3 Tage in einen ca. 5°C kühlen Raum stellen.
Danach hängt man sie 3 Tage zum Trocknen in einen kühlen, gut durchlüfteten, aber zugfreien Raum und räuchert sie anschließend solange kalt, bis sie eine schöne Farbe haben.
Die Räucherdauer ist abhängig von der Räucher- sowie der Außentemperatur und beträgt ca. 3 x 8 Stunden.

HONIG - PUTEN - SCHINKEN

Material

2 Putenbrüste (ca. 2,4 kg)

Zutaten für die Gewürzlake

- 5,0 L Wasser
- 400 g Nitritpökelsalz
- 10 g Rohrzucker
- 2,0 g Koriander, gemahlen
- 2,0 g Macis

Herstellung

Die Putenbrüste in ein geeignetes Gefäß legen, mit der Gewürzlake übergießen und 2 Tage in einen ca. 5°C kühlen Raum oder in den Kühlschrank stellen.
Danach wäscht man die Brüste mit lauwarmem Wasser ab und verschnürt sie mit Fleischerband wie eine Roulade, um ihnen mehr Stabilität zu geben.
Anschießend werden sie 2 Tage zum Trocknen in einen kühlen, gut durchlüfteten, aber zugfreien Raum gehängt.
Dann reibt man sie rundherum mit flüssigem Blütenhonig ein, streut etwas edelsüßen Paprika darauf und räuchert sie solange kalt, bis sie eine schöne Farbe haben.
Die Räucherdauer ist abhängig von der Räucher- sowie der Außentemperatur und beträgt ca. 2 x 8 Stunden.

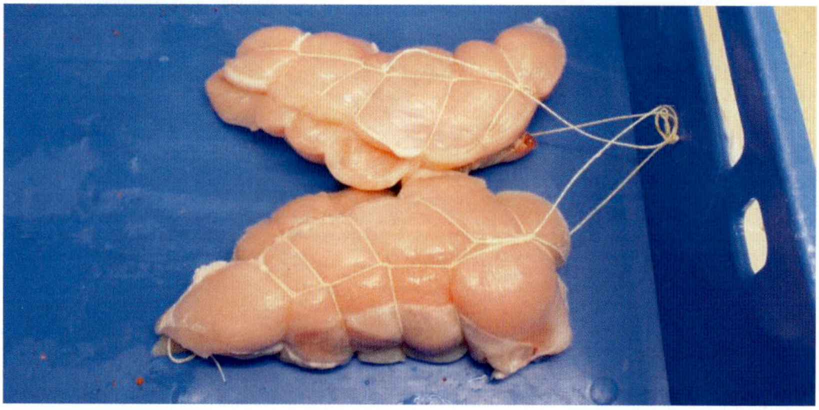

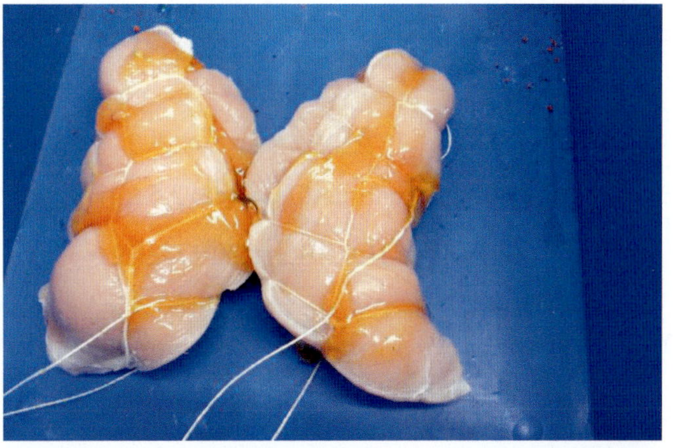

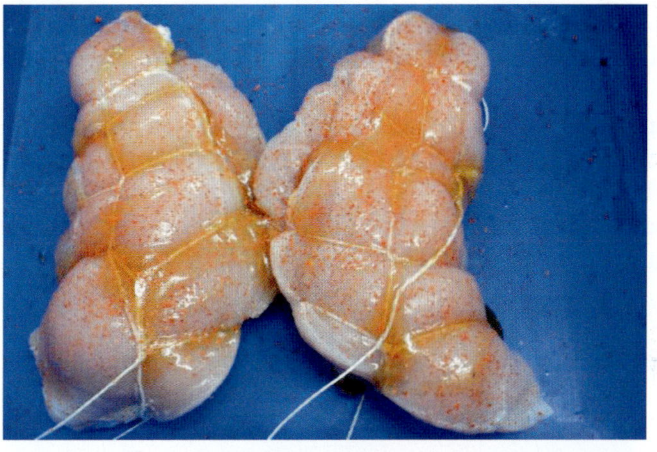

GERÄUCHERTES ENTENBRUSTFILET

Material

10 Entenbrustfilets (ca. 2,5 kg)

Zutaten für die Gewürzlake

- 6,0 L Wasser
- 320 g Nitritpökelsalz
- 8 Wacholderbeeren
- 6 Lorbeerblätter

Herstellung

Die Entenbrustfilets in ein geeignetes Gefäß legen, mit der Gewürzlake übergießen und 2 Tage in einen ca. 5°C kühlen Raum oder in den Kühlschrank stellen.
Danach hängt man sie 2 Tage zum Trocknen in einen kühlen, gut durchlüfteten, aber zugfreien Raum und räuchert sie anschließend solange kalt, bis sie eine schöne Farbe haben.
Die Räucherdauer ist abhängig von der Räucher- sowie der Außentemperatur und beträgt ca. 2 x 8 Stunden.

ENTENBRUSTFILET MIT SALZKRUSTE

Material

10 Entenbrustfilets (ca. 2,5 kg)

Zutaten für die Pökellake

- 6,0 L Wasser
- 320 g Nitritpökelsalz
- 20 g Rohrzucker

Herstellung

Die Entenbrustfilets in ein geeignetes Gefäß legen, mit der Pökellake übergießen und 3 Tage in einen ca. 5°C kühlen Raum oder in den Kühlschrank stellen.
Danach tupft man die Filets mit Küchenpapier trocken, reibt sie rundherum mit groben Salz ein und hängt sie 1 Tag zum Trocknen in einen kühlen, gut durchlüfteten, aber zugfreien Raum.
Anschließend werden sie solange kalt geräuchert, bis sie eine schöne Farbe haben.
Die Räucherdauer ist abhängig von der Räucher- sowie der Außentemperatur und beträgt ca. 2 x 8 Stunden.

SACHWORTREGISTER

SACHWORTREGISTER

SACHWORTREGISTER

BILDNACHWEIS

- **Fotos von K.v.Roschinsky:**

  Coverfotos Vorder- und Rückseite
  Seite: 4, 25, 28, 29, 30 rechts, 33 unten, 34, 40, 48, 50, 51, 52, 53, 54, 55, 56, 66, 67, 68, 69, 89, 90, 91, 108, 109, 122, 123, 129, 140, 141, 142, 143, 148, 149, 160, 161, 183, 184, 185, 186, 188, 189, 191, 192, 193, 195, 196 oben, 197, 198, 199, 200, 201, 207, 214, 215, 223

- **Fotos von „Bigstockphoto“ - www.bigstockphoto.com**

  Seite: 1, 3, 19, 21, 26, 27, 30 links, 32 unten, 33 oben, 39, 41, 42, 43, 44, 45, 47, 49, 57, 58, 60, 61, 62, 65, 88, 121, 124, 125, 126, 127, 132, 133, 159, 162, 163, 164, 165, 166, 167, 168, 169, 170, 171, 172, 173, 174, 175, 179, 190, 196, 202, 203, 204, 205, 206, 208, 209, 210, 211, 212, 213, 216, 217

- **Fotos der „Beeketal Lebensmitteltechnik GmbH & Co. KG“, Gewerbering 11, 26901 Rastdorf**

  Seite: 31, 32 oben

- **Fotos von „Räucheröfen kaufen“ - Nischenmarkt, Franz Sendner Luitpoldstraße 6, 97264 Helmstadt“**

  Seite: 187

DANKSAGUNG

Für ihre Unterstützung bedanke ich mich bei meinen Fleischermeister-Kollegen Herrn Nico Graul aus Dessau, Herrn Knut Wald aus Zielitz sowie den Mitarbeitern der „Fleischerei Kroll“ aus Magdeburg.

NÜTZLICHE ADRESSEN	
Fleischwölfe, Wurstfüller, Messer und Arbeitszubehör	**www.hausschlachtebedarf.de**
Kutter und Küchenmaschinen	**www.beeketal.de**
Därme und Gewürze	**www.spies-irxleben.de**
Räucheröfen	**www.raeucherofen-kaufen.de**
Bücher und Rezepte der Autorin	**www.wurstrezepte.org**

P. Triegel (Fleischermeister)
Das große
DDR - Wurstbuch
Räuchern - Wursten - Pökeln
Mit 100 DDR - Wurstrezepten
Vom Fleischermeister Schritt für
Schritt erklärt.

P. Triegel (Fleischermeister)
MEINE EIGENE BRATWURST
Grillen - Wursten - Genießen
Mit 72 Rezepten und 105 Farbfotos ...

P.Triegel (Fleischermeister)
Die Räucherfibel
XXL
Schwein - Rind - Wild - Geflügel
Mit 76 Rezepten und 162 Farbfotos...
XXL
Vom Fleischermeister Schritt für
Schritt erklärt

P. Triegel (Fleischermeister)
DUTCH
OVEN
mit 224
Farbfotos
DER ALLESKÖNNER
mit 110 Rezepten